数字魔法

〔日〕山下峻平 著

扬 梓 译

中国科学技术出版社

·北 京·

SHOUDAN, KAIGI, ZATSUDAN DE NAZEKA ICHIMOKUOKARERUHITO GA
SHITTEIRU "SUUJI" NO KOTSU by Ryohei Yamamoto
Copyright © Shinkeiei Service Co.,Ltd, 2020
All rights reserved.
Original Japanese edition published by ASA Publishing Co., Ltd.
Simplified Chinese translation copyright © 2021 by China Science and Technology
Press Co., Ltd.
This Simplified Chinese edition published by arrangement with ASA Publishing Co.,
Ltd., Tokyo, through HonnoKizuna, Inc., Tokyo, and Shanghai To–Asia Culture
Co.,Ltd.
北京市版权局著作权合同登记　图字：01-2021-1551。

图书在版编目（CIP）数据

数字魔法 /（日）山本崚平著；杨梓译 . —北京：
中国科学技术出版社，2021.5
ISBN 978-7-5046-9001-2

Ⅰ. ①数… Ⅱ. ①山… ②杨… Ⅲ. ①企业管理 – 通
俗读物　Ⅳ. ① F272–62

中国版本图书馆 CIP 数据核字（2021）第 049413 号

策划编辑	杜凡如　耿颖思	
责任编辑	陈　洁	
封面设计	马筱琨	
版式设计	锋尚设计	
责任校对	张晓莉	
责任印制	李晓霖	

出　　版	中国科学技术出版社
发　　行	中国科学技术出版社有限公司发行部
地　　址	北京市海淀区中关村南大街 16 号
邮　　编	100081
发行电话	010–62173865
传　　真	010–62173081
网　　址	http://www.cspbooks.com.cn

开　　本	880mm × 1230mm　1/32
字　　数	75 千字
印　　张	5.25
版　　次	2021 年 5 月第 1 版
印　　次	2021 年 5 月第 1 次印刷
印　　刷	北京盛通印刷股份有限公司
书　　号	ISBN 978-7-5046-9001-2 / F・918
定　　价	49.00 元

前言

在商业领域中，我们除了要了解在报纸和电视上看到或听到的新闻概要，还需要根据工作类型大致掌握各种数据。在某些情况下，我们也许还需要编写企划书并进行演示说明。

这时我们需要一种掌握和使用数字的技术。

尽管许多人已经步入社会，但并不知道如何获取和处理数字，常常因为不擅长数字从而避免使用数字。

你也可能是上述商务人士中的一员，但是不必担心。只要掌握了使用数字的技巧，任何人都能顺利展开工作。

除了类似会计和投资等主要围绕数字展开的工作，其他工作并不需要牢记详细的数字或者使用数字方程式。每天开会或是与客户进行讨论互动时，我们只需要通过记住大致的数字来避免难堪并将数字用于工作决策中。

这里重要的是大致明白上司、同事和客户说的数字，并且自己也用易懂的方式传达给对方。

例如，在传达信息过程中重要的是，不超过3秒说完数字。日本的人口估算为126,025,000人（2020年1月1日），如果要说完最后一位数，一定会超过3秒。这样一来，千位之后的数字将不会被对方记住。

我认为大家所在的公司都受各种数字的影响，比如销售额管理、经费管理等，但很少有公司会将金额计较到1日元吧。只会说"下降了100万日元"和"与上一年相比增加了3%"。也就是说，一般公司日常只进行粗略的估算。

在与其他人交流过程中，能将数字省略到3秒能说完的范围内是正确的做法。数字是用来定义事物，让彼此有共同认识的工具。

本书会介绍我在商业领域实际使用的数字法则。牢记数字法则有两点好处。

① 思考速度加快

在商业领域，我们需要做出各种判断，有时需要即时给出指示。在这种情况下，如果你能牢记本书中介绍的法则，则可以利用该法则提出假设；若不知道此法则，则必须从头开始收集信息，这将花费数倍的时间和精力。

② 发言更有说服力

能够在3秒内说出一个精细的数字会让周围的人刮目相看。同样，知道许多数字法则可以让周围的人知道你在努力学习。

本书中介绍的许多数字法则都被优秀的商务人士默认为商务礼节。如果你不懂商务礼节，就可能无法融入优秀的商务人士交际圈。

本书以我是如何从不擅长使用数字，甚至把资产负债表读成"知"产负债表，变成擅长使用数字并担任经营管理或人事顾问的个人经历为基础，介绍了所有商务人士都应该知道的数字法则。

我希望本书能够帮助各位读者提高日常工作效率，并让周围的人对你们刮目相看。

目录

通过数字"5"来记忆与公司相关的数字

你该知道的商业数字法则

第 1 章

商务活动中应记住大致数字

 记住数字的读法

☑ 用逗号分隔法则理解大数字

在使用数字之前，我觉得其实很多人都不知道数字的读法。四位数的数字是很容易理解和读出的，但是数字位数越多，越不容易一眼就看明白。

我们要先学会数字的读法。许多不懂数字的人都不知道"，"在数字中的使用法则。

要克服不擅长数字的心理，首先要记住**逗号分隔法则**。我们只要像背九九乘法表一样背熟这个法则，多位数也能秒懂。

四位数以上数字，每三位数都会有一个逗号。

例如，数字1,000从右边开始读个、十、百三个数位之后会用一个逗号隔开。数字100,000,000，个、十、百三个数位用一个逗号与之后的数位隔开，千、万、十万三个数位用一个逗号与之后的数位隔开，依此类推，如图1-1所示。

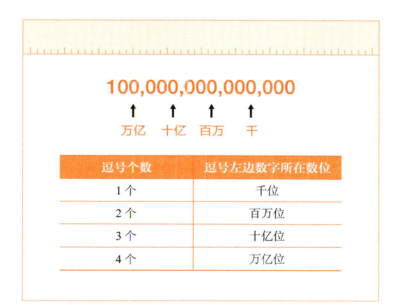

图1-1　逗号分隔法则

一些人会从个、十、百、千、万……这样按照数位顺序一直数到亿吧。

在日本，对于日常购物而言，花销最多也不会超过10万日元，所以即使从个位开始数也完全没有问题。但是在商务场合，从个位开始按顺序数一定会跟不上会议或谈话的节奏。

确保记住逗号左侧数字的单位：从右往左看，第一个逗号的左侧为**千**，第二个逗号的左侧为**百万**，第三个逗号的左侧为**十亿**。如果记住千、百万、十亿这三个数位，暂时可以跟上会议和谈话的节奏了。

下面，请大家解答图1-2这道题，3秒内你能读出这个数字吗？

请在3秒内读出以下数字。

9,876,345,012

解读

① 首先，数一数逗号有几个。这次有三个逗号，所以逗号左边的计数单位是"十亿"。那么开头是九十亿。

② 下一个数字是8，所以是"九十八亿"。然后数字是7，所以是九十八亿七千。

③ 下面我们看第二个逗号。第二个逗号的左边数位是"百万"，所以得到"九十八亿七千六百万"。至此，你应该能迅速答出。

答案 九十八亿七千六百三十四万五千零十二

图1-2 问题

☑ 注意最小计数单位

如何表示数字，取决于使用数字的媒介。

例如，查看一家上市公司的财务数据，我们会在数字表格的右上方看到万、十万、百万等计数单位，见表1–1。

表1–1 丰田汽车损益表中的数字

（单位：万日元）

项目	当期合并会计年度
总销售额	3,022,568,100
销售成本、销售费用及一般管理费合计	2,775,813,600
营业利润	246,754,500
其他收支	−18,208,000
税金等调整前当期净利润	228,546,500
归属于股东的当期净利润	188,287,300

注：本表改编自丰田汽车2019年3月期综合损益表。

这意味着从表格规定的计数单位开始读数。

例如，假设在标有"万"的表中显示5,000这个数字，则表示该数字从单位万开始计数，换言之，就是以"万"为基础，依次数十万、百万、千万，所以该数字应读为五千万。如果表中并未标计数单位，则正常读数，该数字读成五千。

我举出这样的例子，可能有些人会认为即使用逗号分隔开来，最终还不是要从个位开始数。

表1-2记述了如何根据逗号读出数字，请你一定要记住。

表1-2　逗号左边数字的不同计数单位

最小计数单位	逗号左边数字对应的计数单位		
	第一个逗号	第二个逗号	第三个逗号
个	千	百万	十亿
十	万	千万	百亿
百	十万	亿	千亿
千	百万	十亿	万亿
万	千万	百亿	十万亿
十万	亿	千亿	百万亿
百万	十亿	万亿	千万亿

下面，我们来尝试回答图1–3中的问题吧。

请在1秒内读懂下列数字。像在公司做业绩报告一样一边保持紧张感一边回答出来吧。

问题① 最小计数单位：百
4,578,938

问题② 最小计数单位：千
56,784,959,601

问题③ 最小计数单位：万
76,849

问题④ 最小计数单位：十万
3,638,696

问题⑤ 最小计数单位：百万
6,321,853

答案① 四亿五千七百八十九万三千八百

答案② 五十六万七千八百四十九亿五千九百六十万一千

答案③ 七亿六千八百四十九万

答案④ 三千六百三十八亿六千九百六十万

答案⑤ 六万三千二百一十八亿五千三百万

图1-3　问题

掌握数字的基本："倍数"和"分数"

☑ 快速理解新闻内容的技巧

接下来，我要讲一讲如何掌握数字规模。

那些擅长使用数字的人可以快速了解全局，掌握了整体情况之后，再关注数字的细节，并找到其中关联之处。

问题的关键是**用倍数来掌握整体情况，并用"分数"把数字与自己关联起来。**

例如，当被问到"10,000的10,000倍是多少"的问题时，我希望大家都能迅速回答。

只要记住一些技巧，你可以快速计算出一个大致结果。

表1–3和表1–4可以使你方便地掌握数字的整体情况并进行关联。

表1-3 数字的倍数对应表

掌握整体情况

原来的数字	倍数		
	10 倍	100 倍	1,000 倍
10,000	100,000	1,000,000	10,000,000
1,000	10,000	100,000	1,000,000
100	1,000	10,000	100,000
10	100	1,000	10,000
1	10	100	1,000

表1-4 数字的分数对应表

关联化

原来的数字	分数		
	1/10	1/100	1/1,000
10,000	1,000	100	10
1,000	100	10	1
100	10	1	0.1
10	1	0.1	0.01
1	0.1	0.01	0.001

以表1–3和表1–4为基础，你遇到日常生活中的数字的时候，可以尝试锻炼在大脑中计算倍数和分数。如果能掌握这种感觉，就可以使每天的新闻与自身关联起来了。

例如，日本2019年的国家预算超过了100万亿日元。

你即使听到100万亿日元，也无法把它与自己的生活联系起来。但是，该预算其实来自每个日本国民的税收。为了实现关联，你可以思考一下每个人需要负担多少税金。

如果日本人口按照1.2亿人来计算，平均每人要负担：100万亿÷1.2亿≈80万（日元）。也就是说，平均每人负担约80万日元，日本的国家预算才能够成立。

日本2018财年的税收约为60万亿日元。因此，日本国民人均需要负担：60万亿÷1.2亿＝50万（日元）。

由于税收年度和预算年度不同，因此无法简单比较，但是如果国家预算是100万亿日元的话，为实现此预算则需要日本国民人均负担80万日元，80万日元减去人均税收50万日元，还有人均30万日元的缺口。

政府每年会发行国债来填补这一缺口。

截至2019年3月末，日本国债规模已扩大至约1,100万亿日元。这说明，日本国民人均负担1,000万日元的国债。这笔债务将由日本国民的子孙后代偿还。当国家不堪重负时，日本的实际生活也将受到影响，例如税收增加和不良的行政服务。

只看这样的新闻，人们觉得事不关己，但是一旦按照人均计算，就会明白那个数字对自己来说意味着什么。

☑ 持有一个自己喜欢的计算器是很有意义的

即使我这么解释，也许仍会有不少人说："即使你这么说，我就是不擅长使用数字啊……"

让这些人摆脱自己不擅长使用数字的观念，有一个非常简单的办法，就是随身携带计算器。

在许多场合都会有数字出现，比如公司开会或跟工作相关的闲谈等。

例如，请你想象一下销售会议结束的时候，你可以流利地说出本期的目标和本月的成绩，很少有人能流利地说出诸如累计总数、去年同月比、利润率和趋势值之类的数字。大多数人都是在会议开始15分钟前匆忙看一眼，会议结束后就忘到脑后。所以手中常备计算器比较好。

那么，日常使用什么样的计算器比较好呢？

如果是税务师或会计这样的从业人员，需要可以进行复杂计算的大型计算器。但是，普通人能用到的计算方法最多也就是加、减、乘、除级别了，所以**小巧便携的计算器最合适普通人。**

我用的计算器是一个西班牙品牌的数字位数为8位的口袋计算器。它使用方便，颜色丰富。

我经常在他人面前使用计算器，所以如果是自己不喜欢的计算器，便会越来越不想用。

虽然智能手机也有计算器的功能，但是许多人认为参加商务会议时玩手机是不礼貌的，因此使用合适的计算器是更好的选择。顺便说一句，在他人面前拿出计算器可不算违反规则。

希望你找到自己喜爱的计算器，养成谈话中听到数字就拿出计算器的习惯。

📎 知道基准数，就会对数字的使用更加擅长

☑ 用关联的方法找到基准

我由于工作的原因结识了许多企业家。大多数企业家的共同之处就是很擅长使用数字。

但是，企业家们并非都是理科且高学历出身。

那么，为什么企业家大多擅长使用数字呢？

第一个原因是，**他们从数字中感受到的责任感和普通员工是完全不一样的。**毫无疑问，对企业家来说，公司花钱就同花自己的钱一样，所以能像自己的事情一样感同身受。

第二个原因是，**企业家有着明确的基准**，例如月度销售额、月度人员费用、每月的进款和费用。

由于企业家总是以自身为基准衡量所看到的数字，因此可以快速做出判断，并且变得擅长使用数字。企业家基于某种基准，根据数字和百分比是高还是低，以及在什么范围内可以接受等条件来做出判断。这样的基准是通过一直以来进行数字关联，凭借自身经历了许多成功或失败的事情才培养出来的。

话虽如此，我们是普通商务人士而不是企业家，因此很难专注于公司和行业的数字。

那么，我来教大家一个普通商务人士把公司的数字进行自身关联的方法。试着这样思考：把每月的工资看作公司的销售额来管理自己的家庭收支。

☑ 把每月的工资看作公司的销售额

商务人士在没有特殊情况时，每月都会有工资被汇到自己的银行账户。

从每月的工资里减去餐费、房租、水电费、手机费和保险费用等必须支付的费用后，剩下的钱就可以自由支配。如果从这些剩下的钱里再减去每月要存的钱，可以自由支配的金额就更少了。

当然，你无法住在房租更高的地方，无法在昂贵的饭菜上花很多钱，无法提高手机套餐金额。这是因为你已经开始明白基准："以自己的薪水，哪里负担得起比现在还高的房租啊。用在兴趣爱好上的钱大概这么多吧。"

同理，公司的收入是销售收入。但是，如果从销售收入中减去办公室租金，再减去付给员工的薪水等固定费用（必须支付的费用）后，可以自由支配的资金会非常少。在某些情况下，剩下的资金几乎为零甚至变为负债。

另外，公司并非每月都有固定的销售收入入账，在如今的乌卡时代[1]，我们不知道销售收入何时会减少。

---

① 乌卡时代，即 VUCA，是由 Volatility（易变性）、Uncertainty（不确定性）、Complexity（复杂性）、Ambiguity（模糊性）4 个英文首字母组成的。

所以，企业家们会记住公司的销售额和利润，甚至各种费用的相关基准数，以此来做出判断。

公司也应当将人力成本视为投资，积极增加员工人数。在我们的日常生活中，住在公司附近房租很贵的公寓，既能节省时间也对健康有好处，而且能减少交通费——如果是这样的话，这也能视为一种投资。

重要的是，我们要有一个基准让自己能够决定如何花钱。

📎 在闲谈中非常有用的基准数字

☑ 你需要知道的3个基准数字

在商务活动中，与客户和同事聊天也是重要的工作之一。对方在公司或行业中段位越高，谈话内容的信息量也就越大，我们不知道的信息和数字也就越多。

如果只是几分钟，即使是不知道的事情也可以点点头糊弄过去；但如果是聚餐之类长时间相处的场合，就不能这样了。

这时重要的是**基准数字**。但是，我们不可能记住世界上所有的基准数字。因此，让我来介绍一下商务人士应该知道的3个基准数字吧。我不知道是否有机会马上使用，但是如果你将其作为"数字的教养"来学习，那么聊天时绝对能让人刮目相看。

1. 世界各国的国内生产总值

国内生产总值，是一定时期内国内生产增加值的总量。

日本名义国内生产总值总量约为500万亿日元。美国约为2,100万亿日元，约为日本的4倍。德国的国内生产总值总量约为395万亿日元，约为日本的0.8倍。英国的国内生产总值总量约为280万亿日元，约为日本的0.5倍。

这里你同样不必记住具体数字，只需记住**日本名义上**

的国内生产总值总量约为500万亿日元，美国约为日本的4倍就可以了。在考虑开拓国际市场时，观察每年的国内生产总值就可以判断哪些国家具有成长潜力，而哪些国家则没有。

2. 世界各国的面积

日本的陆地面积约为37.8万平方千米。俄罗斯的面积约为1709.8万平方千米，约为日本的45倍。

加拿大的面积约为998万平方千米，约为日本的26倍。

所以，相比之下，你会倾向认为日本是一个很小的岛国，但是它真的很小吗？

在各国的面积排名中，日本的排名位于中间档位，不是正中间而是中上档位。

此外，如果仅限于岛屿国家，日本本州岛约为23万平方千米，可以排名世界第七。丹麦的格陵兰岛的面积约为217万平方千米，排名世界第一，约为日本本州岛的9.4倍。

3. 日本经济中的地域差异

日本有一个叫作**县民经济计算**的指标。这是通过各都道府县（以下称县），从生产、分配和支出等方面测量县民经济的循环和构造，从而全面分析县经济实际状况的指标。作为综合性县经济指标，县民经济计算是对日本各县的行政、财政和经济政策起到贡献作用的指标。简而言之，这是一个衡量日本各县有多少收入的指标。尽管数据有些旧，我们介绍一下2016年度的数据，见表1-5和表1-6。

表1-5 日本各县生产总值

（单位：百万日元）

日本都道府县	2016 年生产总值
东京都	104,470,026
爱知县	39,409,405
大阪府	38,994,994
鸟取县	1,864,072

注：本表改编自日本内阁府，《县民经济计算（2006—2016年）》。

表1-6　日本各县县民人均收入

（单位：日元）

日本都道府县	2016 年人均收入
东京都	5,348,000
爱知县	3,633,000
大阪府	3,056,000
鸟取县	2,407,000

注：本表改编自日本内阁府，《县民经济计算（2006—2016年）》。

　　东京都[①]的生产总值约为105万亿日元，居日本各县首位。另一方面，排名末位的鸟取县的生产总值约为19万亿日元。**第一名约是倒数第一名的55倍。**大阪府的生产总值约为39万亿日元，爱知县也约为39万亿日元。

　　在日本，虽说东京、名古屋、大阪被称为三大城市，但是实际上，东京是头号城市。

　　另外，这种县民经济计算与县民收入有关。

_____

① 东京都，包含东京 23 区、多摩地区和岛屿部。——译者注

就拿日本各县县民人均收入（2016年）来讲，日本东京都为5,348,000日元，鸟取县为2,407,000日元，东京都的人均收入是鸟取县的一倍多。夸张地说，如果你想赚钱，那么在县民经济生产水平高的地区工作会更有效（当然，其他地方也有很多薪水高、工作环境好的公司）。

从这样的数字来看，东京都的过度集中和地方的虚弱化更加明显。

这个数字的变化趋势（东京都很高，其他地区很低），今后会更加明显吧。日本政府想要把日本最低工资提高到1,000日元/小时，并且每年都以超过20日元/小时的速度在提高。日本每个县的生产能力不同，最低工资却要以全国平均水平来提高，因此经常听说东京都以外地区的企业经营者表示负担不起。

☑ 用数字消除歧义

在这里，让我来说明一下在表示"大小""多少"等时候的思考方法。"大小"的程度取决于相对和绝对两个因素。

- 相对：通过与他人比较来表达的方法。

- 绝对：一种使用特定标准（例如数字和单位等）进行表达的方法。

使用数字说话很重要，因为相对标准因人而异。

我很喜欢吃辣，常去一家叫"蒙古汤面中本"的特辣汤面馆，那里就以辣椒的个数来表示辛辣程度。其并非实际使用的辣椒个数，而是作为表示辛辣程度单位的个数。

例如，辣椒个数为0的话，代表不辣；2~3个是微辣；5个以上是非常辣。

但是，喜欢吃辣的人和不喜欢吃辣的人对这个辣椒个数的感受也是完全不一样的吧。这是因为，辣椒个数表示法只是特辣汤面馆对辛辣程度的相对表达（0个辣椒是绝对表达）。

与此相同，"快慢"的表达也因人而异，因比较对象和理解方式的不同而不同。

　　用数字表达，可以消除类似个人认识差异和歧义。用数字表达，是使双方认知一致、理解一致，从而加快业务推进速度并减少失误的关键。

📎 在闲谈中非常有用的峰值数字

☑ 从峰值前后的动向看懂趋势

　　在上一节中，我讲述了用"点"来理解数字，下面让我来说明如何使用"线"来理解数字。

　　关键是要在图表和统计数据中找到峰值，并将它们与峰值比较，以了解现在处于什么情况，未来将是何种情况。顺便说一句，峰值是指表示最高或最低（底部）结果的点。

现在，让我们看看日本人平均年收入的变化。

日本人的平均年收入在1997年达到顶峰，为467万日元。从那开始，日本人的平均年收入逐渐减少。

1997年的国家预算约为78万亿日元，2015年约为96万亿日元，尽管日本人的平均年收入在下降，国家预算却在持续上涨。

正如我在前文提到的，预算越高，每个国民的人均负担就越大。如果消费税和社保费与一年前相比有所增加，但每个人到手收入却有所减少，生活当然会变得困难。

如今的年轻人虽然被吐槽不买车，也不想要好的手表，但是归根结底，他们因为没有钱而买不起，也不知道今后的工资能不能上涨，所以选择不买这些商品。

☑ 产品生命周期

如果我们知道高峰期，则可以知道该行业何时成长以及何时退出。

从狭义的角度看，产品生命周期的观点是很有用的。它把从产品或服务的推出到其结束的流程大致分为4个阶段。

① **导入期**

这是产品或服务不为人所知的时期，无论进行多少营销，都很难产生与其匹配的销售额和利润。

② **成长期**

这是产品或服务开始渗透市场的时期，与营销相称的销售额和利润开始产生，但与此同时，竞争对手也开始进入。

③ **成熟期**

这是产品或服务在市场上广为人知，单凭新颖性已经无法出售的时期。在这个时期，与其他产品/服务产生差异化是很重要的。

④ 衰退期

这是销售额开始下降，并且需要做出是退出市场，还是创新产品或服务等决定的时期。

通常，让产品渗透市场并销售要经过上述4个时期。导入期的策略和成长期的策略各有不同，但是这4个时期大致都需要同样的时间。

例如，就iPhone（美国苹果公司研发的智能手机系列）而言，在日本销量最高的时间是2015年。自2007年iPhone问世到2015年，导入期和成长期的年数分别为4年（8年÷2＝4年）。这样的话，导入期为2007—2010年，成长期为2011—2014年，成熟期为2015—2018年，衰退期为2019—2022年。

2018年，诸如iPhone XR、iPhone XS等新机型陆续发售；2019年iPhone 11、iPhone 11 Pro等发售。不断推出新产品是进入衰退期的预兆。同时，苹果公司还宣布将专注于诸如苹果音乐之类的订阅（连续收费）型服务，并且避免发布销售数据。

由于互联网的兴起，报纸、电视机、杂志等也在衰退，但很难衰退为零。因为这些媒体很久以前就进入了导入期。

这类媒体会经历很长一段时间直到消失。尽管在衰退但是不会消失的情况，今后也可能会持续下去。

那么，你的公司在获得最高销售额或最大利润的时期是什么时期？回顾公司销售额最高的时期，是加深了解公司很重要的一点。

销售额最高的时期，是环境条件好或执行力良好的战略时期，此时，你会发现自己公司的特色和决策核心很强。相反，如果销售额下降，可能是环境、策略和决策等哪个出了问题。此时，有必要应用我前面提到的产品生命周期来采取必要措施。

📎 在闲谈中非常有用的"第一名"

☑ 让聊天可以滔滔不绝的"第一名"

"第一名"是具有很大威力的。日本海拔第一的山是富士山，日本面积第一的湖是琵琶湖，日本高度第一的建筑是天空树。因为是"第一名"，所以每个人都理所应当知道。

仅仅因为排名第一，知名度和认知度就高得多，并且不乏相关话题。在商务场合，记住第一名也会成为让别人刮目相看的理由。

☑ 世界第一的经济联盟

我们之前说，世界第一经济强国是**美国**。

那么，当我们不是按照国家，而是按照不同地区经济联盟（以经济发展为目的的各国联盟）来看，又会发现什么呢？

首先想到的就是欧盟了吧。

然而，表1-7显示，北美自由贸易区的国内生产总值排名第一，而欧盟则排名第二。

表1-7　世界经济共同体

名称	成员国	人口	国内生产总值	人均国内生产总值	进出口贸易
东盟	10 国	6.54 亿人	2.97 万亿美元	4,540 美元	2.85 万亿美元
欧盟	28 国	5.13 亿人	18.75 万亿美元	36,531 美元	12.88 万亿美元
北美自由贸易[1]区	3 国（美国、加拿大、墨西哥）	4.90 亿人	23.43 万亿美元	47,770 美元	6.83 万亿美元
南方共同市场	6 国	3.46 亿人	2.63 万亿美元	7,586 美元	6,661 亿美元

注：本表改编自2018年亚太局地区政策参赞处发布的"视觉东盟"中的一节，该节名称为"其他地区经济一体化的比较"。

---

[1] 北美自由贸易区（NAFTA）由美国、加拿大和墨西哥三国组成，三国签署《北美自由贸易协定》，该协议于 1994 年 1 月生效。2020 年 7 月，《美墨加三国协议》（USMCA）生效，正式取代《北美自由贸易协定》。

☑ 世界上使用最多的语言[①]

如你所料，世界上使用最多的语言是汉语。据统计有13.7亿人以**汉语**为母语。

英语排名第二，英语母语者有5.3亿人，大约是汉语母语者的三分之一。第三名是印地语，印地语母语者有4.9亿人。第四名是西班牙语，西班牙母语者有4.2亿人。

日语以1.34亿人的母语使用者排名第九。

☑ 世界第一的市值产业

截至2017年年底，市值排名前3,000家公司的总市值约为66万亿美元。按行业划分，**金融业**以141,180亿美元排名第一；其次是软件/计算机服务业，为45,640亿美元，见表1–8。

[①] 关于本标题的数据是原书出版时统计的数据。——译者注

表1-8 不同行业的市值和净利润变化

行业	2017年			
	市值（亿美元）	净利润（亿美元）	所占百分比①（%）	公司数量（个）
市场价值3,000家公司	659,830	34,110	—	3,000
总计（信息）	117,010	5,110	—	379
软件/计算机服务	45,640	1,190	6.9	117
科技/硬件/机器	32,470	1,450	4.9	111
通信服务	24,790	1,660	3.8	84
媒体	14,100	810	2.1	67
总计（面向客户）	213,900	9,340	—	960
汽车/零件	20,220	1,530	3.1	96
电气/电子设备	15,540	810	2.4	85
个人用品/家庭用品	35,350	2,080	5.4	159
食品/饮料	30,530	1,180	4.6	139
零售	38,630	1,270	5.9	154
网络零售	12,920	110	2.0	17
其他零售	25,720	1,160	3.9	137
旅游/休闲	18,150	870	2.8	111
健康器械/服务	15,960	590	2.4	76
医疗/生物技术	39,510	1,030	6.0	140
总计（面向企业）	176,860	8,880	—	1,024

① 所占百分比是指各行业市值占3,000家公司市场价值的排名百分比。

续表

行业	2017 年			
	市值 （亿美元）	净利润 （亿美元）	所占百分 比（%）	公司数量 （个）
矿业	7,730	490	1.2	43
煤气 / 水 / 多用途	6,830	440	1.0	50
电力	14,160	820	2.1	93
石油 / 煤气净化	35,790	1,900	5.4	110
石油机器 / 服务 / 销售	7,530	230	1.1	44
可替代能源	18,690	20	0.1	6
化学	680	950	2.8	122
工业用金属 / 深矿	9,280	550	1.4	72
建设 / 材料	11,460	620	1.7	96
林业 / 纸业	1,350	80	0.2	13
一般行业	12,870	480	2.0	58
工程	15,380	560	2.3	112
航空宇宙 / 防御	9,690	450	1.5	40
工业运输	12,680	710	1.9	80
支持服务	12,760	570	1.9	85
总计（金融/房地产）	152,070	10,780	—	637
金融	141,180	9,720	21.4	550
房地产	10,890	1,060	1.7	87

注：本表改编自日本三井物产战略研究所，《世界的行业趋势和成长领域》。

☑ 世界上阅读量比较多的书

在世界范围内，阅读量比较多的书是什么呢？

阅读量比较多的书是西班牙作家塞万提斯的《堂吉诃德》。《堂吉诃德》还被来自全球54个国家的100位著名文学者投票评选为"100部世界最伟大文学作品"的第一名。投票评选的第二名是英国作家乔安妮·凯瑟琳·罗琳的《哈利·波特》系列。投票评选的第三名是英国作家狄更斯的《双城记》。阅读完所有畅销书可能很难，但是作为一个商务人士，你至少应该知道上文提到的书的内容摘要。

☑ 世界第一——睡眠最少的国民

开发和销售活动监测器的博能（日本）电子有限公司（Polar Electro），根据活动监测器测得的睡眠数据发布了2017年日本人的平均睡眠时间。

男性为6小时30分钟，女性为6小时40分钟，是同期监测睡眠的28个国家中时间最短的。

日本人的平均睡眠时间短的原因是通勤时间较长。平均通勤时间将在下文进行说明，但与其他国家相比，该时间可能会影响睡眠时间。

一项研究发现，经过2周每天6个小时的睡眠后，被监测者的工作状态下降到了与不睡觉时相同的水平。[①]

为了以更好的状态做好工作，最好每天睡至少7个小时。

☑ 世界第一国际专利申请国

显示出很高的技术能力和独创性的专利，按照不同国家来看，申请状况如何呢？这里，我们将根据世界知识产权组织的《专利合作条约》，介绍国际专利申请数量。

专利申请数排名靠前的有美国、中国、日本和德国。近年来，中国的专利申请数量有明显增长的趋势。

[①] 出自2003年美国宾夕法尼亚大学的一项实验结果。——译者注

☑ 世界第一诺贝尔奖获奖国

截至2017年，诺贝尔奖获得者数量排名分别为：第一名美国，第二名英国，第三名德国，日本排名第七，见表1-9。

表1-9 诺贝尔奖获得者人数排名前10位的国家

排名	国家	获奖人数
1	美国	352
2	英国	112
3	德国	82
4	法国	59
5	瑞典	32
6	瑞士	28
7	日本	25
8	俄罗斯（包括苏联）	20
9	荷兰	17
10	意大利	14

注：本表改编自日本文部科学省，《不同国家/不同领域诺贝尔奖获奖人数（1901—2017年）》。

与第一名的美国相比，日本的获奖人数仍然很少。

原因之一可能是科学发现到授予诺贝尔奖之间存在较长的时间间隔。

例如，山中伸弥在2006年发现了诱导性多能干细胞（iPS细胞），在2012年才获得诺贝尔生理学或医学奖，时间间隔为6年。不过，6年还算是比较短的。

2018年获得诺贝尔生理学或医学奖的本庶佑，在1992年就发现了PD-1基因①，但是隔了26年才获奖。

2019年获得诺贝尔化学奖的吉野彰，于1985年发明了锂离子电池的原型，但是过了34年才获奖。

由于诺贝尔奖是全球权威奖项，因此需要很长时间来审查研究结果。

可以说，许多获得诺贝尔奖的日本人，是由于二十几年前的研究结果得到肯定，从而获得了该奖。

----

① PD-1（程序性死亡受体1），也称为CD279（分化簇279），是一种重要的免疫抑制分子。通过向下调节免疫系统对人体细胞的反应，以及通过抑制T细胞炎症活动来调节免疫系统并促进自身耐受。它可以预防人体自身免疫性疾病，但它也可以防止免疫系统杀死癌细胞。——译者注

此外，基础研究领域荻得的诺贝尔奖更多（尽管并非能马上利用，但是对于科学的发展和成长非常重要）。

日本的诺贝尔奖获奖数量处于逐渐下降的趋势，但是世界各国都处于上升趋势。

从企业的角度来看，如果设备投资和研发费用减少，新领域就无法获得拓展。

短期利润固然重要，但中长期投资在未来将变得更加重要。

由于每个国家的货币和国内生产总值都不相同，因此无法简单地进行比较，但是我们可以看到每个国家对待中长期投资的态度。

了解与人事相关数字的世界平均值

在本章的最后，让我们看一下与人事相关的数字。

了解与人事相关的数字可以帮助我们判断自己公司的好坏。

与人事相关的数字有很多，但是这里将介绍4个典型代表数字。

顺便说一下，数据的好坏是通过与同行业中其他公司的统计数据进行比较得出的，但比较对象的公司不一定与自己公司有完全相同的商务模式。

基于此要素查看统计数据，是分析和学习统计数据时的重点。你知道什么是平均劳动分配率、平均附加价值额度工资的平均增长率及平均资金吗？

☑ 平均劳动分配率

该指标显示了公司产生的附加价值中有多少分配给了劳动者，通过人工费÷附加价值来计算（附加价值为销售额减去材料费、外包费等成本后的毛利）。

劳动分配率越高，返还给员工的利润越多；劳动分配率越低，返还给员工的利润就越少。

各个行业的劳动分配率不同，但所有行业的平均劳动分配率是50%，公司产生价值的50%是支付给劳动者的，见表1-10。

表1-10　不同行业的劳动分配率

行业	2016 年	2017 年
制造业	47.8%	46.1%
信息通信业	56.6%	55.4%
批发业	51.0%	48.4%
零售业	49.7%	49.5%
学术研究，专业 / 技术服务业[①]	60.5%	60.2%
餐饮服务业	61.9%	64.0%
生活相关服务业 / 娱乐业	46.2%	45.2%
服务业	70.4%	71.4%

注：本表改编自日本经济产业省，《2018年企业活动基本调查速报》。

———————————

① 包括学术研究、考试、开发研究等单位；提供法律、财务及会计等事务的咨询、设计、文艺 / 艺术作品的创作及经营战略等服务的单位；为委托人提供广告等综合服务的单位。提供兽医服务、土木建筑相关设计、商品检查、计量证明、照片制作等专门技术服务的单位。

☑ 平均附加价值额度

为了实现在全公司范围内提高劳动分配率，可以通过提高人工费，以及同时提高附加价值和人工费。

实际上，即使你提高了人工费，也会很快达到上限。因此，首先增加附加价值很重要。

那么，这个附加价值的平均值是多少呢？

中小企业的人均附加价值约为1,000万日元。在其他行业中，详情见表1-11。

表1-11　不同行业的平均企业附加价值

（单位：万日元）

行业	2016 年	2017 年
制造业	466,100	497,110
信息通信业	401,140	431,380
批发业	270,610	292,780
零售业	464,280	481,260
学术研究，专业 / 技术服务业	423,080	434,080

续表

行业	2016 年	2017 年
餐饮服务业	407,630	427,430
生活相关服务业 / 娱乐业	219,410	239,260
服务业	383,490	404,730

注：本表改编自日本经济产业省，《2018年企业活动基本调查速报》。

日本人的平均年收入（正式员工和非正式员工）约为500万日元（按性别分，男性约为520万日元，女性约为280万日元）。

由于上述平均劳动分配率为50%，人均附加价值约为1,000万日元，因此人均人工费（约500万日元）÷人均附加价值（约1,000万日元）×100%＝50%。

虽说得出这个结果是理所当然的，但是这非常有道理。

☑ 工资的平均增长率

接下来人们比较在意的是薪水每年如何增长。根据经验，我们可以判断平均工资增长率应为月薪的1.8%~2.2%。

如果月薪为20万日元，增长率为2%，那么薪水增长4,000日元；如果月薪为30万日元，增长率为2%，那么薪水增长6,000日元。

如今，日本社会保险费在增加，我总听到员工们说涨薪并没有多大意义或涨薪5,000日元对生活并没有影响。

但是，从企业角度来看，2%绝非小数目。例如，如果公司拥有300名员工，人均人工成本为5,000,000日元，则人工成本为300×5,000,000＝1,500,000,000（日元）。

如果增加2%，则增加30,000,000日元。从理论上讲，若人工费增加2%，则公司不得不赚取更多毛利润。因此，如果每位员工每年没有额外赚取100,000日元〔30,000,000÷300＝100,000（日元）〕，则该公司将无法经营下去。

☑ 平均奖金

每年的7月和12月左右，日本的大公司都会公布自己的平均奖金。许多中小企业主都对此感到为难——公布平均奖金会让公司员工产生误解。

调查机构和支付时期不同，平均奖金也不同，但是据说日本各上市公司的平均奖金是80万～100万日元。

但是，这个数字并非所有公司都要公布。一定程度上比较有自信的公司才会公布，所以不将数字全盘接受才是聪明的选择。这也是查看数字时的基础和重点。

那么，日本中小企业平均支付的奖金是多少？仅包含中小企业的数据很难找到，但根据日本大阪城市信用银行根据1,301家公司每年发布的数据来看，2019年夏季平均奖金约为29万日元。大公司的平均奖金是中小企业的3倍以上。此外，约有60%的公司说自己有支付奖金（但是，根据对日本大阪城市信用银行业务合作伙伴的调查，员工人数少于20名的公司占8成）。

关于奖金，许多员工都想要2个月工资作为奖金，但是大家必须知道能拿到奖金本身就是值得感恩的。支付奖金并不是法律规定的义务。

很多人都有一个普遍的误解，那就是没有奖金是因为公司希望减少人工成本。但是，在我的人际关系中，几乎没有不想给员工支付奖金的社长。

他们想要支付奖金，但是往往因为经营情况不佳拿不出来而无法支付。因为不想支付而没有支付的企业真的很少。

第2章

有能力的人都将数字"3"视为关键数字

📎 人们喜欢 "3" 这个数字是有原因的

☑ 不可思议的魔力数字 "3"

从远古时代开始，日本人就经常使用 "3" 这个数字，例如，"一富士二鹰三茄子"[①]和 "三种神器" 等。还有三点头倒立，三位一体，三者相互制衡，连猜拳也是石头、剪刀和布3个手势。

汉字的数字也是，从数字 "1" 到数字 "3" 是 "一""二""三" 这样增加横线，但是到数字 "4" 时，规则性则突然消失，写法变为 "四"。

这不是汉字才有的现象。在罗马数字中，Ⅰ、Ⅱ和Ⅲ也仅由竖线构成，但是到达数字 "4" 时，突然变为Ⅳ，加入了字母Ⅴ。人们为什么喜欢把到数字 "3" 为止的事物总结起来呢？那是因为，"3" 是一个稳定的数字，就像

---

① 日本的俗语，是关于新年初梦的，即新年第一个梦。据说梦到这些东西会有好运。——译者注

三角形所代表的那样。

不是"2"也不是"4"，获得了三点平衡的数字"3"，让我们在内心的某处感到安心，并想要使用它。

即使在商务场景中，这个"3"也经常出现。能干的人会经常将数字3作为关键数字展开工作。

☑ 把讲话的要点总结到3个

我经常收到年轻员工的咨询，他们说："我不能很好地总结讲话的要点。"

对于这样的情况，我们首先要将想传达的内容总结为3个。仅仅做到这点，我们便会表达得很好。

如果将要传达的内容集中到3个，则可以让对方感到没有不足或遗漏，并且听者可以毫无负担地记住内容。

就我而言，"有3个原因……"是我的口头禅。首先告诉别人有3个原因，然后一个个地解释，可以增强内容的逻辑性并加深听者对内容的理解。

当然，有时我只能想到两个原因，但是在这种情况下，我有时会搪塞说，"第三个是我刚才提到的两个方法以外的方法"。尽管如此，集中传达要点仍可以让听者更容易理解讲话的内容。如果你经常被说"讲话的内容难以理解"的话，请一定留心尝试将讲话内容总结为3个部分。

顺便说一句，在2001年，美国密苏里大学的尼尔森·科万（Nelson Cowan）提出了"4±1"的想法，并称人们可以瞬间记忆的信息是3～5条。换句话说，如果你希望其他人理解你提出的意见，则必须将其个数限制为3个（或最多5个）。

例如，如果将阅读本书的好处总结为以下3个部分，则会让人更愿意去读。如果你提及太多点，则该内容将不会被对方记住。

① 如果你会使用数字说话，作为商务人士将被刮目相看！

② 通过学习基本的商务规则，你将能更快地做出判断！

③ 你可以做到逻辑思考，并以此说服对方！

🗂 报告和企划书的制作只有3步

☑ 让我们用3个部分构成一个故事

在做报告或提议企划的时候，以**故事的形式**进行讲解，效果会很好。这是因为故事可以防止对方中途懈怠，增强对方兴趣，从而增加说服力。

编写故事时，你必须考虑说明的顺序，比如何时将听众带入高潮，最后要导向何处。

编写故事的要点有3个。

在能剧①的世界中，有一种表示三段式构成的概念"序破急"。**"序破急"**是在考虑故事构成时经常使用的框架。

作为一篇完整文章的构成，起承转合是普遍的观点，如果把"序破急"套用到起承转合的话，将会如下所示。

● "序"：相当于起承转合的"起"，是通过设置角色和

————————————

① 日本古典剧种之一。——译者注

故事等来吸引观众的部分。

● "破"：相当于起承转合的"承"和"转"，是使故事快速发展，并使听众（读者）对未来会发生什么产生期望的部分。

● "急"：相当于起承转合的"合"，这部分是指让故事结束，并为观众带来令人满意的结局。

☑ 做报告的3个步骤

做报告时，你也可以运用"序破急"的概念，具体如下所示。

● "序"：作为报告的目的和导入部分。目的是传达听众想要听到的内容。

● "破"：这里是报告的高潮部分。目的是一边传达想传达的信息，一边让听众产生"原来如此"的想法。

● "急"：这里是报告的收尾部分。为了达到预期效果而进行可以唤起行动的收尾。

☑ 企划书制作的3个步骤

企划书也可制作成采用"序破急"3个步骤的故事，以此来吸引对方注意，让对方很感兴趣地阅读它，具体如下所示。

- "序"：取一个会让读者期望值提高的企划名，描述想要实现的目标。

- "破"：描述实现企划的具体措施，或者可能遇到的障碍。

- "急"：具体描述企划书内容已经实现的状态。

☑ 有助于企划书制作的TAPS

顺便说一句，制作企划书时，TAPS框架也很有用。框架有4个部分。

TAPS是To be、As is、Problem、Solution这4个词的首字母，它是一个基于理想与当前状况之间的差距来考虑构成的框架。TAPS按设定目标、分析现状、发现问题、解决问题的顺序制订方案。

① 设定目标（To be）

　　首先，我们要介绍企划对象的理想状态，即想要达到的状态或实现的目标。

② 分析现状（As is）

　　告诉对方，相对于理想状态和目标，企划对象现在处于何种状况。

③ 发现问题（Problem）

　　所谓问题，是指目标和现状之间的"差"。指出"应有的状态"和"现状"的差距是什么，由于这个差距产生了怎样的问题。

④ 解决问题（Solution）

　　描述问题的解决方案并展示企划内容的有效性。

　　顺便说一下，在广告文案创作的世界里有一句名言：

不阅读，不相信，不行动。这句话表达了消费者的心理障碍，意思是如果不能克服这3个障碍，即使看到了广告、电子杂志，人们也不会购买商品。

这个观点也适用于做报告和制作企划。读者的立场是不想听、不想读、不想理解。这就是为什么具有"序破急"特点的报告和企划书是有必要的。

讲话总结在30秒以内

☑ 不够简洁就无法让对方理解

当我们想向某人传达某些信息时，从说话者一方来看，无论什么都想传达给对方。如果不把这个内容传达给对方就会担心对方不理解自己的讲话内容，从而导致讲话时间越来越长。

但是对听众来说，他们不需要任何额外的信息，而讲话时间太长就像什么都不讲一样毫无意义。

在商务对话中，请你尝试在30秒以内结束自己的发言。**这是因为讲话的内容只有7%会传达给对方。**

有一个叫作**梅拉比安**的沟通模型。它显示了听者如何从讲话者那里获取信息（顺便说一句，这个规则基于一项实验，该实验测试在传达包含矛盾的信息时，接收方是如何接收信息的）。

讲话者提供给听者的信息包括语言信息（Verbal）、听觉信息（Vocal）、视觉信息（Visual）。这3种信息单词的首字母都是V，所以也称为"3V定律"。

① 语言信息（Verbal）

语言信息是指讲话者说出内容的语言的含义、语言的组成等。

② 听觉信息（Vocal）

听觉信息是指讲话者声音的大小、速度和音调等。

③ 视觉信息（Visual）

视觉信息是指讲话者的外貌、动作等。

根据梅拉比安法则，这3种信息给人的影响的比例分别是：语言信息占7%，听觉信息占38%，视觉信息占55%。

例如，如果用明快的高音调（听觉信息）再配合笑脸（视觉信息）来传达悲伤的信息（语言信息），"笑脸"和"明快的高音调"会被听者优先注意。换句话说，讲话者说的话只有7%会传递给对方，并且极受外观和声音的影响。

从梅拉比安沟通模型中我们可以学习到，面对面交流时，人们会优先注意面部表情、衣服（视觉）和声调（听觉），并以简洁的方式传达内容本身。

☑ "电梯对话"过程中用30秒抓住对方的心

那么，如何简洁地将讲话内容传达给其他人呢？

将讲话内容简洁地传达给其他人有两种方式："电梯对话"和"整体–局部法则"。

"电梯对话"是一种技术。乘坐同一部电梯时，在大约30秒钟的时间内，讲话者以一种易于理解和简洁的方式将自己的想法和理念传达给听者。

在30秒钟内传达自己的想法，**关键是从结论开始**。

从结论开始说起，可以减轻听者的压力。例如，讲话者可以先从提案的想法被实现了将是怎样的情景讲起。

观看电影的过程是让人享受的，但是商务中需要的是判断。为了做出判断，从结论开始表述是理所当然的。

在沟通的世界中，听者始终是主角，听者所理解的内容就是对话的100%，无论讲话者说什么或者想什么，听者所接收到的信息就是传达到的全部信息。

虽然沟通的目的多种多样，但我认为沟通是"让他人理解自己的想法而采取的行动"。

如果是这样，那么重要的是将自己放在一边，从对方的角度进行交流，并做到简洁沟通。

☑ "整体-局部法则"增进对方的理解

为了将自己的想法准确地传达给对方，与对方分享要传达内容的整体情况很重要。这种情况可以使用称为"**整体-局部法则**"的技术。

这就像"整体-局部（Whole–Part）"的字面意思一样，是从整体到局部的意思。换句话说，整体局部法则是指谈话中先讨论全局，然后再讨论部分。

通过在开头展示整体情况，听者可以看到讲话内容的最终结果并感到安心。

例如：

① 整体情况：

　　"我想说的内容一共有3点。"

② 结论：

　　"从结论而言，公司的销售额预计可以提高10%。"

③ 局部：

　　"第一个方法是……第二个方法是……第三个方

　　法是……"

　　通过这种方式讲话，对方可以在听取内容的同时在大脑中整理信息，从而更轻松地理解信息。

📎 至少要见面3次以上才能进行商务谈判

　　有人说，商务谈判的成功是概率问题，但是有一些厉害的销售员会提高成功的概率。

　　到目前为止，我遇到的所有出色销售人员的共同点是坚持不懈。

　　有一条法则叫作**扎荣茨法则**。它也被称为曝光效应，是指当一个人多次与另一个人会面时，逐渐变得对另一个人产生好感的效果。在商务谈判中，业绩差的销售人员在与对方见面次数达3次之前就放弃了，但是业绩好的销售人员正在以"第3次起"的姿态进行商务谈判。他们会跟一个客户至少见3次，并且会为了见面坚持发出邀请。

那么，第3次以后，继续见面多少次比较好呢？

有一个理论叫作**七次法则**。这是广告行业的一条法则："一个人通过3次接收商品信息，从而对商品有一定认知，接收7次商品信息后会拿起商品。"

根据此规则，在客户愿意听产品介绍，愿意考虑产品之前，必须进行3次商务对话，到进一步考虑购买产品为止，需要进行7次商务对话。

在被称为咨询销售的销售中，有一种叫作两阶段销售法的方法。

第一阶段：聆听客户的问题和需求。

第二阶段：提出有关问题和需求的解决方案。

在这种情况下可以进行商务对话，因为我们已经可以提前了解客户的问题和需求。如果从零开始与客户建立信任关系，到让客户敞开心扉为止，大约需要进行7次对话。

孩子们一天中露出笑脸的次数是大人的30倍

"下属总是不与我交谈""我觉得我跟上司之间很有距离感"，心怀类似烦恼的人有一个共同之处，那就是他们平时面部表情太僵硬。

任何人都很难和闷闷不乐的人交谈。比起整天闷闷不乐的人，大多数人认为微笑的人更有魅力。

根据化妆品公司艾天然（Attenir）于2015年进行的一项调查，成年女性平均每天微笑的次数为13.3次，换算下来估计一天微笑时间不足30秒。

按各个年龄段进行比较，20～40岁的人每30秒大约微笑15次，而40～50岁的人每26秒大约微笑12.8次，50～60岁的人每20秒大约微笑10.6次。微笑的次数和时间在20～30岁时达到顶峰，随着年龄的增加，微笑的次数和时间都会减少。成年女性平均每天微笑13.3次，成年男性可能会更少。

另一方面，**据说学龄前儿童每天平均笑400次**，是成年人的30倍。

我有一个2岁零6个月大的儿子，正处于叛逆期，但是除了抱怨和哭喊的时间以外，他总是在笑。当我和家人一起去购物中心时，无论是谁，他都会面带微笑跟大人搭话。然后，有个一脸厌恶表情的大人，一边有点惊讶，一边微笑着回应我儿子。我感到微笑的力量是巨大的。

为了成为一个感觉良好并且聚集周围人气的人，3次也好5次也好，每天比平常增加微笑次数也许是沟通的捷径。

📎 考虑30分钟之后得出的结论和考虑5秒得出的结论一样

☑ 并不是肯花时间就能得出一个好结论

深思熟虑后的选择和凭直觉做出的选择，成功率有何不同？

你可能会感到惊讶，但实际上几乎是一样的。

有一种叫作**快棋赛**（Fast Chess）的赛事。

这个赛事告诉我们无论是经过深思熟虑的结论还是在5秒钟内得出的结论，实际结果都几乎相同。俗话说"差劲的思考如同休息"，花时间思考，持续疑惑，跟休息没什么区别。快速选择可以节省时间并有很多好处。

你认为经营者的工作是什么呢？

销售额和聘用员工等，每个人都有自己的定义，答案也可能因公司情况而异。

实际上，有些工作只能由经营者来做：制定高质量的决策和提高全体员工的积极性。

有许多决定只有经营者才能做出。更确切地说，经营者的大部分工作是做出决定，快棋赛法同样适用这样的情况。

在影响公司未来的战略和关键决策上，我们需要花费足够的时间。但是，在日常的业务中，我们希望在5秒内做出决定。

快速决策的结果变化不大。首先，如果不快速做出决定，业务将会迟滞不前。

☑ 运用快棋赛法开会

我也帮助过很多会议运营，但是我经常看到一些会议什么结论都没有得出，或者会后工作没有进展。开会却不讨论，讨论却不决定，决定却不执行，执行却不负责，这样的会议有很多。决策不明确，或者根本就没有进行决策，对此，拥有决策权的人自己也很苦恼，不知道该怎么办。但是从某种立场来看，决策者必须前进。

有些决策者不对讨论的事做出决定，而是说"让我们做更多的研究"从而推迟做出决定的时间，当然这也是一项决定。但这是一个结果糟糕的会议。

为了消除此类会议，即使在会议现场也应遵守快棋赛法。

会议的每个参与者在5秒内得出自己的结论。比较并仔细斟酌每个结论，并在5秒内确定哪个结论合适。如果结论不一致，决策者应在5秒内决定选择哪个结论。

占领市场的3成就是胜利

☑ 占市场份额3成是一个转折点

如果自身所处的行业没有竞争对手，会是多么幸福啊。你也许会认为如果没有战斗本身就不存在取胜一说。

但是，根据兰切斯特法则，如果你击败竞争对手并主导市场过多，将会产生负正影响。

英国F. W. 兰彻斯特策划出的兰彻斯特法则原本是衡量两军战斗力的数学公式表达。在商务中，该法则是适用于公司之间相互竞争的战略。

在兰彻斯特法则中，市场份额的下限设定为26.1%。如果某公司的市场份额超过30%，将脱颖而出，成为出众的强者，处于所谓的垄断状态。

如果某公司开始要求更多的市场份额，公司内部产生疏忽和傲慢情绪，就面临着优势随时都有被逆转的风险。

例如，1976年日本的麒麟啤酒拥有惊人的63.8%的市场份额。

但是，尽管麒麟巨罐啤酒独占鳌头，朝日啤酒却抢走了这一份额。

麒麟啤酒公司从市场占有率超过60%的那一刻起产生了傲慢情绪，最高管理层甚至整个公司全无危机感。最终，新产品开发落后，销售能力下降。

类似的情况也发生在其他公司身上。

到目前为止，一直是NTT docomo、KDDI和软银集团这3家公司主导日本移动通信市场。但是近年来，随着廉价移动通信公司的兴起和乐天涉足移动通信业务，日本正在迎来一个转折点。

我们不要将竞争对手和竞争视为消极的，而是要将其视为积极的。

在业务方面，正因为有竞争对手，自己的公司才得以成长，产品和服务得以改进，如果这样想的话，实力很强的竞争对手也将成为令人感谢的存在。

与其排挤其他公司，不与其他公司竞争，共同成长可以为客户提供更好的产品和服务，大环境也会变得更好。

☑ 企业的寿命是30年吗

30多年前，"企业寿命30年理论"成为热门话题。自

1983年日经BP社①宣布这一观点以来，这已成为商业界公认的理论之一。也许是"30"这个数字非常齐整的原因，这个理论一下在社会上传开了。如果它是23年理论或者是47年理论的话，那么企业眨眼间就会从公众记忆中消失。

那么，实际上，这个理论真的正确吗？

根据日本东京工商研究局的一项调查，2018年破产的公司的平均寿命为23.9年，而根据帝国数据库的一项调查，其为37.16年，这似乎一致相同。

但是，如果说目前存在的公司的寿命大约为30年，我对此抱有疑问。

我们公司将自己定义为"环境适应企业"。因进化论而闻名的生物学家达尔文说："生物中并非强者可以生存下去，只有那些能够顺应环境的生物才能生存下去。"这句话可以照搬到公司。

2020年往前推30年是1990年。与当时相比，技术和环境变化的速度和员工的价值观完全不同。

———————————

① 日本商业出版社。

如今，不能说企业的寿命长达30年。希望每个公司都能成为一家始终能够应对瞬息万变的商业环境的公司。顺便说一句，据说日本只有2%的公司成立的时间超过100年。

🏷️ 想比其他公司更引人注意需要做出 3成差异化

☑️ 易于传达给客户的差异化技巧

与其他公司在产品或服务上有差异化在商业中至关重要。如果你的公司是零售商店，那么除非拥有与其他商店不同的产品阵容，否则没有任何理由让客户来你的商店。

那么我们应该在多大程度上让产品阵容差异化呢？

将商品数量加至2倍是很明显的差异化，但是拥有这么多的库存是有风险的。但是，如果只增加2个或3个商品，我们也无法分辨与其他商店的区别。

在这种情况下，1.3倍法则是很有用的。这是一个法则，揭示如果没有1.3倍差异，人将无法识别出差异。

如果比其他店铺多拥有1.3倍的商品品种，顾客就会认为这家商店的商品种类繁多。进行差异化时，30%的差异是比较合适的。

☑ 对价格来说，有30%的差异才会让人实际感受到差异的存在

1.3倍法则也适用于定价。

如果你想比竞争对手的商品价格低，可以将自有商品的价格降低30%，这样就可以让客户切实感受到便宜。如果竞争对手卖1,000日元，你可以666日元出售。

另一方面，如果你想拥有高级品牌形象，可将价格提高30%。如果竞争对手卖1,000日元，你可以1,333日元或更高的价格出售。

品牌塑造也是如此，如果有比其他店铺更特别的地方，可将这种特别之处做到与其他店铺差异达1.3倍以上，否则是很难让客人感受到的。

就算店铺都有自己的特别之处，但是差异未达1.3倍，客人是感受不到的。例如日本的蔬菜销售，"日本产"是理所当然的，地区差异化也很普通，生产者差异化才应更明确，这可以让客户意识到区别。

上述只是关于价格和商品种类的差异，与餐厅菜单和店头陈设略有不同。

据说菜单和店头陈设展示菜品的数量约为其他店铺的1.7倍 [1.3 × 1.3 ＝ 1.69 (倍)]，可以让人感觉比其他店的食物分量更足。

30%的差异根据立场的不同而不同。在考试分数方面，对50分的人来说，高出30%的分数就是65分，有15分之差；对70分的人来说，高出30%的得分是91分，有21分之差。

在任何时候，要缩小30%的差距实际上都不容易。但是，如果你尽力而为，也可以说是一个能勉强实现的数字。请你牢记1.3倍法则并进行有效差异化吧。

📎 一个重大事故发生之前，必然有30个小事件在发生

关于错误和问题，也有一个与数字3相关的法则。

对于一个错误或意外事故，我们常常会忽视它。

但是，如果这些错误和麻烦是重大事故的先兆呢？

关于工伤事故的著名法则称为**海因里希法则**。这是赫伯特·威廉·海因里希（Herbert William Heinrich）对工伤事故进行调查后得出的一项法则，该法则指出，在机械生产中，一次严重事故之前有29个小事故，并且背后有300个异常现象。

这300个异常现象令人不寒而栗，因此通常被称为危

险的近似差错。

根据该法则，一个错误或故障可以被视为解决329个错误或故障的提示。

例如，从2019年12月1日起，在日本开车时看手机的扣分从1分增加到3分，并且罚款也从6,000日元增加到18,000日元（普通车）。开车时看手机造成的事故数量从2013年的2,038起增加到2018年的2,790起，增长了约1.4倍。

我认为政府加强了处罚力度，是为了防止可能会导致交通事故的危险的近似差错。

你还可以通过应用海因里希法则减少自己的工作错误。

例如，如果你经常将邮件收件人写错或将单据输入的数字位数写错等，那以下这些对策是必要的，比如发送之前务必检查收件人名称，单据提交之前再检查一遍数据。

此外，请注意发生错误的周围环境。例如，你是否在电脑周围杂乱无章、无法集中注意力的环境中工作，或者单据填写栏是否狭窄而难以看到数字的格式等。你也可以将其用作防止重大错误的提示。

从海因里希法则可以得知,为了防止重大事故,日常防患于未然是十分重要的。

📎 月工资的3%作为自我投资,是提升自己收入的最好方法

☑ 自我投资是成功的捷径

投资分很多类型。一些人可能投资于股票和信托,另一些人可能投资于黄金、铂金和虚拟货币。

但是,其中最可靠的投资是自我投资。

这是因为投资的目标是自己,而自我提升的程度越高,在公司的待遇和地位就越高。

许多公司都在促进工作方式改革,并且越来越多的公

司正在努力减少加班时间。这也是理所应当的，因为在日本2019年开始的与工作方式改革相关的法案中，各公司在签署《36协定》的情况下，平时的加班被限制为每月不超过45小时和每年不超过360小时。

据日本新闻报道，有人因为没有加班费了，所以房贷的还款压力非常大；还有人因为回家了也没有自己的位置，所以下班之后不直接回家，而是在公园消磨时间，或是在游戏厅和咖啡馆度过一个人的时间，"逛薪阶层"也因此诞生。

但是，我认为工作方式改革的初衷不仅是为了追求轻松工作和提高企业生产率，而且要让大家在闲暇时间进行自我完善和自我投资。

☑ 我们的自我投资额度是多少

那么我们应该在自己身上投资多少呢？

还有一种想法是，自我投资越多，获得的回报就越多，但是如果勉强自己（投资过多），是不能长久坚持的。作为建议，**每月收入的3%用来自我投资**是一个合理的方法。

那么，通过进行这样的自我投资，可以预期的回报是多少呢？

根据经验，把未来理想的月收入的3%用于自投资，并且如果能够坚持3年，则可以看到接近理想月收入的迹象。

例如，如果你希望将来获得每月50万日元的收入，无论你当前的工资水平如何，都要进行每月1.5万日元的自我投资。

相反，如果自我投资额为1万日元，则将来的税后月收入将约为33万日元。如果自我投资金额为5万日元，那么将来的税后收入约为165万日元。

如果是税后收入为20万日元的人，3%则为6,000日元，大约可购买4本书，并且每周可以阅读1本书。

如果持续进行一年，则总计是4×12＝48（本），这是一个不小的数目。

如果是税后收入为30万日元的人，3%则为9,000日元，大约可购买6本书。如果是5,000日元左右的研讨会，大约可以参加两次。

顺便说一句，根据2009年日本经济新闻的调查，年收入800万日元及以上的人平均每月购书成本为2,910日元。另一方面，年收入在400万～800万日元的人平均每月购书成本为2,557日元；年收入在400万日元以下的人平均为1,914日元。

著名的日本教育家森信三教授在他的著作《修身教授录》（致知出版社）中写道："阅读对我们人生的意义，总而言之就是心灵的食物，我认为说得很对。"

是的，阅读就是心灵的食物。

我从小就爱书，但朋友们曾经问我："你读这么多书，还记得其中的内容吗？"我不记得我读过的书的细节，所以也曾经烦恼过，是否把一本书读得更认真才更好呢？

但是，如果你认为阅读是心灵的食物，那么养成每天读书的习惯就很重要。

即使一本书的内容你都了解，阅读起来也是件好事。

你在持续阅读的过程中，也许能遇到改变自己一生的最好的一本书。

虽然不是每个人都认为读书是最好的自我投资，但是至少，通过花钱学到的新知识，必定会在将来派上用场。

📎 65岁以上人口将超3成，2024年日本形势险峻

☑ 如何在超高龄社会发展

长期以来，日本一直是少子老龄化社会。

对于自己不喜欢的事物人们倾向于逃避，所以许多人

认为"现在还没关系",其实危机就在眼前。

2017年最畅销的《未来年表》(讲谈社)描述了日本这个超级老龄化大国的问题。到2024年,日本每三个人里就有一个人将超过65岁。

这是"3"这个数字的一个较为沉重的示例。

到2024年为止,假设日本各公司的退休年龄大约是70岁,那么30名员工的公司将有10人是65岁以上,在100人的公司中,将有30人是65岁以上,即使有很多人超过65岁也可以很好地工作,但是与工作的黄金年龄相比,许多人工作表现都大不如从前。

☑ 如何停止恶性循环

这时,让我们考虑一下公司成本方面的情况。

许多日本公司都有根据工龄增加工资的制度。

如果你的公司有一个在60岁时年收入为800万日元的员工,虽然该员工退休时公司需要支付退职金,却可以省下以后每年800万日元的费用（人事费用）。但是，如果延长退休年龄，则情况就不是这样了。如果延长退休年龄，你的公司将无法省下人事费用。

无论公司要承担多少人事费用，都不能在不改变员工工作内容的情况下，仅因为员工的年龄大而削减工资。如果延长退休年龄到70岁，则公司需要承担的费用将变成800万×10＝8,000万（日元）。

如果企业的总人事费用无法改变，则公司只能采取措施，减少年轻员工和中层员工的工资增长。

然而，近年来，雇用年收入为1,000万日元的应届毕业生的公司也引起了人们的注意，降低年轻人的薪水可能会导致员工动力不足和离职的情况发生。

在这种情况下，公司将会进入这样的恶性循环：总人事费用无法改变→降低年轻和中层员工的薪水（或抑制涨薪幅度）→年轻和中层员工离职→公司只剩大龄员工→工作水平下降导致目前为止的工作无法按时处理→客户满意度下降导致客户流失。

　　现在已经不是大学毕业后在一家企业工作40年会被称赞的时代了，这个时代对人才的期望是：无论到什么年龄，都可以随时投入新业务或进入新行业，并且可以利用工作以外的时间经常进行自我提升。

　　公司也要放弃根据工龄提高薪水的方针，反复试验，始终考虑为了维持员工积极性，应该如何支付薪水。

第3章

通过数字"5"来记忆与
公司相关的数字

🔖 5人团队的生产力最高

☑ 如何建立一支运作良好的团队

亚马逊的创始人杰夫·贝佐斯（Jeff Bezos）提倡"两个比萨理论"，即理想的团队规模是"共享两个比萨的合适人数"。

大尺寸（Large）的比萨切成12小块。除了像我这样的大胃王单独吃一个比萨外，如果按照每个人吃大约4块来考虑，那么大约6个人是合适的人数。

算式如下：

24÷4＝6（个）

许多公司在修订人事制度时试图改变组织结构，并且经常提到一个话题——一位管理人员应该管理多少个下属？

经营学有一个术语叫**控制范围**。此观点是，一位管理人员可以直接管理的人数是5～7人。虽然这取决于下属的工作和业务类型，但基本上5～7人是理想的选择。这是因为现在每个下属的工作内容变得越来越复杂。我认为，花时间去管理7个下属是比较困难的。

如果是一家拥有完善管理体系的大公司，经理可能会专心于管理，但是在中小型公司中，兼职经理[①]居多，一个工作日全部用在跟下属的谈话上，这要花费很多精力。

因此，分配给一位经理的下属人数最多为5个。

☑ 多样化时代才更需要正确性

进行人事评估也是如此。

对7个下属中的每一个分别进行正确的评估，会花费大量的精力和成本，并且可能导致评估毫无根据且模棱两可。

人事评估的原则是根据事实进行评估。

随着评估项目越来越复杂，收集评估事实并不容易。

---

① 兼职经理指既要完成管理工作和培养下属的任务，又要在实际工作中完成销售任务的经理。——译者注

为了实现精细的管理，每两周一次，若每次与7个下属进行每人30分钟的谈话，将需要花费3.5个小时。1个月的话就是7个小时，也就是说一个工作日时间都会花费在谈话上。

兼职经理评估的人越多，花费的时间就越多，这使得兼职经理的工作变得更加困难。

📎 如果让一位顾客生气的话，那么就是给自己树立了250个敌人

☑ 不要小看投诉处理

投诉处理是各公司最敏感的业务之一。

如今，有些人在交往过程中悄悄录音，偷偷上传到网上。我们身处这样的时代，如果在处理投诉时犯了错误，

录音可能会经由社交网络传播给很多人，因此我们必须小心。

那么，如果你在处理投诉中犯了一个错误，会影响到多少人？

有一项社交法则叫作250定律[1]。这是一个人平均与250（5×50）个人有连接的法则。处理投诉时，让一个客户不舒服可能会为自己树立250个敌人。

我的一个房地产销售公司的总裁朋友，谨记六度分离的观念，以此经营公司。

我问他六度分离是什么，他告诉我："即使是完全不认识的人，通过6个人的介绍　也可以相互认识。"

所有的人和事物都是通过朋友联系在一起的，因此，我们得出结论，永远不要出售无法介绍给家人和朋友的服务和产品。

苹果公司的客户支持给我留下了深刻的印象。我非

---

[1] 美国著名推销员乔·吉拉德在商战中总结出的定律，赢得一位顾客的好感，相当于赢得250位顾客的好感。

常喜欢苹果公司的大多数产品，MacBook Air、iPad Pro、Apple Watch、iPhone和AirPods我都购买并使用了。产品的易用性就不用说了，苹果公司的客户支持更是非常好。

曾经，我使用的iPad Pro突然无法开机。当我通过聊天联系苹果公司的客户支持时，客户支持对我的态度非常好，表示了对产品损坏的歉意和对无法使用产品的同情。

可以说，这是把投诉变成提高好感度的一个很好的例子。

☑ 坏事的传播范围是好事的10倍

那么，250定律是提供优质服务时也适用的法则吗？

很遗憾，事实并非如此。

据说对服务或产品满意的人会将此事传播给3个人，对服务或产品不满意的人会将此事传播给33个人，这被称为3对33法则。人们传播坏事的范围是传播好事的10倍。

我们合作的公司里，有一家是经营网上购物服装网站的公司。

该公司是一家产品品质和顾客服务都很好的公司，因此在ZOZOTOWN①和乐天市场②等网上购物商城中排名很高。

但是，由于失误，该公司有时可能会发送与顾客订购产品尺寸和颜色不同的产品。在这种情况下，该公司网络店铺页面的评价里会出现差评。

即使大多数时间都运营良好，但是由于那一个差评，店铺评价的平均分被拉低，店主也常常感到无奈。

公司提供的产品和服务令人满意是理所应当的。如果有不满意的地方，顾客就会生气。因此，顾客会自然而然把企业的一次失误放大对待。口碑网站的评价也是，高评价减少，低评价将会增多。

这就是你必须非常谨慎地处理投诉的原因。

---

① 日本最大的线上服饰商场。——译者注
② 日本最大的网购平台。——译者注

🔖 新客户的获取成本是现有客户的5倍

☑ 获得新客户是最难的

作为一名销售人员，公司一定天天磨破嘴皮对你说："新客户！新客户！新客户！"这是必然的，因为如果不去开拓新客户，公司的路会越走越窄。如果依靠既存客户来经营公司，一旦老客户离开，公司的销售额将不可挽回。

这就是为什么吸引新客户对任何公司来说都是头等大事。但是，销售中最困难的部分就是获得新客户。

营销领域有一个经验法则级别的思维方式，叫作1对5法则，即获得新客户的成本是现有客户的5倍。售出产品的情况下，如果维护现有客户的成本是10万日元，那么获得新客户的成本将是50万日元。

为了使新客户能够认可并购买公司的产品，公司需要花费大量金钱，例如大规模投放广告、开展新的限量促销活动以及分发样品等。手机公司开发新客户的方法就是一个很好的例子。

☑ 顾客购买行为全流程过程

据说，顾客的购买行为以一个叫作AIDMA的流程进行。AIDMA是下面①～⑤的英文首字母缩写，是山姆·罗兰·霍尔（Samuel Roland Hall）在20世纪20年代提出的一种理论。

① 引起注意（Attenticn）。

② 产生兴趣（Interest）。

③ 引起欲望（Desire）。

④ 创造记忆（Memory）。

⑤ 购买行动（Action）。

为了促进顾客购买，先让顾客的视线投向商品，让顾客想"这是什么样的商品呢",激发顾客对商品的兴趣。下一步,激发顾客的购买欲望,让他们想要这个商品,并使顾客记住商品从而促进购买。这个流程就是AIDMA框架。

顺便说一句,现在网购很普遍,而且这种框架也在发生变化。即使也是相同的5个阶段,最近人们的关注热点似乎集中在这个称为AISAS的框架上。并且,现在也有诸如AISCEAS和DECAX之类的框架出现,如图3-1所示。

☑ **认真对待现有顾客**

像上文所述,获得新客户需要大量的成本和精力,因此在销售新产品时,首先销售给现有客户是当前的商业模式。

现有客户已经了解这家公司,因此向现有客户销售新产品所需的精力更少。如果是现有客户,则已形成购买的习惯,所以小幅度打折就够了。

AISAS

① 引起注意（Attention）。
② 产生兴趣（Interest）。
③ 进行搜索（Search）。
④ 购买行动（Action）。
⑤ 进行分享（Share）。

AISCEAS

① 引起注意（Attention）。
② 产生兴趣（Interest）。
③ 进行搜索（Search）。
④ 进行比较（Comparison）。
⑤ 进行检验（Examination）。
⑥ 购买行动（Action）。
⑦ 进行分享（Share）。

DECAX

① 探索发现（Discovery）。
② 关系构筑（Engage）。
③ 进行确认（Check）。
④ 购买行动（Action）。
⑤ 体验和分享（Experience）。

图3-1　顾客购买行为框架

1对5法则，即获得新客户要花很多钱，另一方面，也可以说，与现有客户保持联系仅花费获得新客户所需费用的五分之一。

比起一次性客户，你会发现实现让客户重复购买的重要性。

同样，有一个营销经验法则称为**5对25法则**。这意味着，如果企业改善了5%的客户流失情况，将会增加25%的利润。

这个法则说明，跟进现有客户和获得新客户同样重要。

根据美国《哈佛商业评论》杂志进行的一项调查，客户离开的原因有5个。

第一：不被对方当成商务伙伴或顾客（68%）。

第二：对产品或服务不满（14%）。

第三：自己比较价格和产品（9%）。

第四：朋友推荐了其他产品（5%）。

第五：搬家和去世等（4%）。

根据此调查，企业可以通过继续与客户沟通来防止客户流失。因此，即使没有业务，企业也应该马上问候最近没有联系的客户。

📎 招聘新员工的成本是一个人50万日元

☑ 看似知道，实际上不了解的招聘成本

如果公司不定期雇用年轻人，那么平均年龄将会增加，并且该公司将开始老龄化。

但是，近年来，很难见到应届生招聘做得不错的公司。

随着整个日本年轻人口的减少，任何公司都很难雇用到应届毕业生，公司发了录用通知也会被应聘人员拒绝。

我认识的一家中小型公司管理人员说:"人事部的任务是招到40个应届毕业生。但是,最近我们给出的录用通知有一半被拒绝。考虑到这一点的话,我们就要给80个应届毕业生发录用通知,但是又招不到80个人。"我还听到:"我们公司只有40位员工,所以我们只需要大约3个应届毕业生,但是即使我们发了录用通知,最后这些毕业生也会选择大公司,不选择我们。"

招聘活动不仅费时费力,而且成本很高。

根据日本迈佳公司统计的迈佳2019年应届毕业生企业录用情况调查,该数据显示日本**平均每个员工的招聘成本为48万日元**。上市公司为45.6万日元,非上市公司为48.4万日元。

招聘成本不仅包括在招聘杂志上发布广告的成本,还包括举行宣讲会的成本、宣传册的邮寄成本和创建招聘工具的成本。

招聘成本的总额平均为557.9万日元。上市公司为1,783.9万日元,非上市公司为375.1万日元。

☑ 年轻就是资本的时代会到何时为止

那么，如果不是招聘应届毕业生，而是使用人才介绍服务招聘员工，又会是怎样的情况呢？

尽管这取决于应聘者的能力和经验，但是人才介绍服务的介绍费为年收入的30%～35%。

在这种情况下，希望每年赚取600万日元的应聘者的推荐费约为210万日元（600万日元×35%），与上述雇用应届毕业生的费用相比，大约为4倍。

当然，认为这是昂贵还是便宜取决于公司。

但是，随着年轻人口的减少和招聘竞争的加剧，我推测年轻的价值将在一段时间内增加。

雇用第二应届生[①]是方法之一，但通常公司生存的关键是通过聘用和教育应届毕业生来传承公司文化。

招聘应届毕业生的诀窍并非可以一蹴而就。我认为，即使需要成本，日本各公司也应该每年招聘应届毕业生。

---

① 从学校毕业后已经找到工作，但是想在短时间内换工作的人。——译者注

📎 优秀员工的业绩是工资的5倍

☑ 工资不容易上涨的原因

许多商务人士认为，通过比较付给他们的工资与公司的销售和利润，他们应该能够从公司拿到更多的工资。

但是，经营公司实际上会需要很多成本。

在支持人事系统建设的工作中，我们有机会采访到年轻员工。在这里，我们给每人40～60分钟来谈论组织文化、公司的评分系统、评估系统和薪资系统等。其中，大家的普遍诉求是："我希望能涨工资。"

一些想要涨工资的年轻人有这样的想法："公司没有给我们年轻人合理的薪资，而只有包括总裁在内的高管才能获得高薪。"

的确，世界上有一些公司不想给员工合理的薪资，但在我的认知中这类公司比例很小或正在减少。

许多公司都在如何决定员工工资上煞费苦心，以便他们的员工能够过上更好的生活。但是，在这种不稳定的经济形势下，很难涨工资也是事实。

还有，我经常听到这样的声音："这个季度我的销售额达到了3,000万日元。但是，工资仍然保持在25万日元左右是很奇怪的。我现在是一个人生活，但是这样的工资水平，实在让我看不到未来。"

但是，即使销售额做到了3,000万日元，根据行业的不同，可用于发员工工资的资金也可能很少。

☑ 注意利润和成本

那么，公司的利润和资金结构又是什么状况呢？

公司有5种利润。

① 毛利润

毛利润是指从销售收入中减去购买成本后得出的数字。

② 营业利润

营业利润是指毛利润减去销售管理成本。销售管理成本包括销售产品的广告成本、员工工资、外包成本、每月交通成本以及客户的接待成本等。可以说，这是从公司主营业务中获得的利润。

③ 利润总额

利润总额是指将营业利润加上营业外收入，再减去营业外支出后的数值。

如果是拉面店，在拉面店以外赚取的利润（从经营公寓或停车场等赚来的利润）就是营业外利润。营业外支出包括银行借款的利息等。

④ 缴税前的净利润[①]

将特别利润添加到利润总额并减去非常规损失后的剩余利润。非常规利润包括出售房地产的利润。非常规损失包括由于灾害造成的损失等。

[①] 缴税前的净利润，计算公式为：利润总额 + 特别利润 − 非常规损失 = 缴税前的净利润。——译者注

⑤ 当期净利润

从缴税前的净利润中缴纳各种税项（例如法人税和

所得税）后的利润。

公司的目标之一是尽可能提高当期净利润。但是，到

当前净利润为止的步骤里，其实会被扣除很多钱。

☑ 工资以外的费用也在由公司支付

公司可以用作工资来源的资金，是从毛利润中支出

的，但是有在销售额中成本占比很大的情况。

在制造业中，某些公司的成本费用率（销售成本÷销

售额）高达90%或者更高。

如果公司的成本率为90%，则即使有3,000万日元的

销售额，毛利润也将为300万日元［3,000万×10%＝300万

（日元）］。即使不算交通费、广告费等费用，并且不计算

净利润，公司支付给员工的最高金额为300万日元。

但是，公司为员工支付的费用不只是员工工资，还有社会保险、退职金①储备等很多费用。

在日本，就社会保险费而言，公司和雇员支付的金额几乎相同。作为参考，请记住日本社会保险费是工资的15%。

例如，月薪25万日元的员工的估计社会保险费用为37,500日元。

该公司承担至少250,000＋37,500＝287,500（日元）。

☑ 有人说，业绩做到工资的5倍就是有能力的人

很久以前开始，就有业绩做到工资的5倍就是有能力的人的说法。

当然，这取决于行业和公司盈利能力。但是，如果指有能力的人，此说法确实相差无几。尽管这取决于行业和

---

① 退职金：不同于中国的退休金，日本企业在员工退职／退休时，大多会一次性支付退职金。——译者注

业务类型，但是对公司来说，一个员工至少要达成该员工年收入10倍的销售额。

例如，如果小A的年收入为480万日元，则所支付的社会保险费用和退职金等费用将约为年收入的1.25倍，而公司的实际负担额将约为600万日元。

如果此人是销售人员，则他还必须赚取负责与销售没有直接关系的总务、买手和采购等事务的员工的工资。如果销售人员与后勤人员的比例为3：1，则3名销售人员要负责赚取1名后勤人员的工资。这一次我们假设销售人员和后勤人员的工资是相同的。

如果劳动分配率为50%，毛利率为30%，则小A应赚的钱见表3–1。

按照表3–1中假设情况，年收入为480万日元的小A，除非他的销售额高于5,200万日元（约为年收入的11倍），否则他将无法维持目前的工资。

但是，这只是一个理想的数字，因此，**如果这是"一个有能力的人"，即使根据其测算出的数字是表3–1**

中数字的一半，即做到年收入的5倍，公司也可以正常运营。

文章上述销售额是3,000万日元的员工，工资是25万日元，如果没有奖金，则年收入将为300万日元。按照工资是销售额的十分之一的标准来思考，看似很少，但是确实应该是这么多。

表3-1　维持工资所需的销售额（年收入为480万日元的情况）

被支付的年收入	480 万日元
将社会保险费等的金额加到已付工资中： 480 万 ×1.25 ＝ 600 万（日元）	600 万日元
销售人员 3 人赚取后勤员工 1 人的工资： 600 万 ×1.3 ＝ 780 万（日元）	780 万日元
劳动分配率为 50%： 780 万 ×2 ＝ 1,560 万（日元）	1,560 万日元
当毛利率为 30%： 1,560 万 ×3.3 ＝ 5,148 万（日元）	约 5,100 万日元

📎 按照退职金是一生收入的5%来做人生计划吧

☑ 你一生能赚多少钱

2019年6月，日本金融厅报告"日本养老金短缺2,000万日元"成了一个热门话题。

在组织中工作的每个人都会退休，但是一直工作到退休（60岁）的情况，总共可以赚多少钱呢？另外，在日本到底有多少钱老年生活才能富裕地度过呢？

民间说法是3亿日元或2.5亿日元，但是实际情况如何呢？

在设计公司的薪资系统时，我们会创建标准薪资。这是一个高中生或大学生毕业后进入公司，一直顺利晋升到退休为止的典型案例（当然，包括不顺利的情况，我们有设计多个模型）。

按这种模式来看，终身收入通常约为2亿日元，因此民间说法并不是错误的。在日本，如果你一生的收入是2亿日元，每年（22～60岁）的平均年收入是2亿÷38≈526万（日元）。

据说日本人平均年收入约为500万日元，大致与此相符。

根据2017年日本劳动政策研究与研修机构发布的调查结果，日本人的终生收入因学历而异，但一直在2.5亿～2.8亿日元之间波动。

☑ 中小企业退职金市场价

那么退休后的退职金是多少呢？根据日本经团连[1]在2014年进行的一项调查，一名一直工作到60岁的大学毕业生的退职金为2,358万日元。

本次参与调查者隶属于日本经团连公司和日本东京经营者协会企业的257家公司，其中员工人数在500人以上的

---

[1] 日本经济团体联合会。——译者注

公司占81.7%，因此，我认为本次调查是非常高标准的。

但是，根据日本东京都（东京都市圈）产业劳动局2018年发布的《中小企业工资和退职金》中的数据，调查对象为不同行业大学毕业生，他们持续工作多年后退职金为1,203万日元。

对于主要给中小企业提供服务的我，这个数字很真实。如果退职金约是1,000万日元，其终生的收入约是2亿日元，退职金刚好是终生收入的5%左右。

退职金的多少也与公司、工资、等级和职位相关，但大约是终生收入的5%。

根据日本金融厅发布的声明，日本老年生活共需2,000万日元。如果一对老年夫妇的月收入（包括养老金）总计为21万日元，平均每月支出为26万日元，每月有5万日元赤字。如果每月有5万日元赤字，那么35年（60～95岁）将有2,100万日元，因此估算短缺约2,000万日元。

如果你在一家日本大公司工作并像上述调查结果那样获得了2,358万日元，那么你将可以安度晚年。但是，如果不是这种情况，60岁之后你还得继续工作，或者拮据度日。

但是，我觉得日本金融厅估算的35年有点多了。实际上大约是25年（85岁）左右，因此，按照估算，如果你有约1,500万日元（50,000日元×12个月×25年），除了支付的退职金外，再加上60～65岁工作的收入，可以弥补每月5万日元的差额。

☑ 如何在人生100年时代①生活下去

但是，鉴于跳槽市场过热和自由职业者数量增加，到退休为止都在一家公司工作的情况今后将越来越少。

日本公司提供的退职金通常会随着工作年限的增加而增加，因此能拿到上述金额的退职金的人有可能越来越少。

———————————

① 在发达国家，2007年出生的每两个人中就会有一人迎来超过100岁的人生100年时代。

　　如果这样的话，下述的人生计划将是必要的：① 选择退休后可以继续工作的公司；② 管理资产并为退休之后做准备；③ 利用自己的技能和经验在退休后独立工作。必须要考虑到，退职金只是在一家公司工作到退休后获得终身工资的5%的情况。

有效利用一年500个小时的通勤时间

☑ 通勤电车是学习室

　　如果你是在市中心工作的商务人士，那么通勤就是一个大问题。实际上，通勤到底需要多长时间呢?

　　根据一项调查，日本5年内购买房屋的商务人士每天的平均单程通勤时间为58分钟（日本At Home公司2014年通勤实况调查）。

这意味着，日本人花在通勤上的时间，往返需要大约2个小时。一个月内如果有22天工作日的话，则为2×22＝44（小时）；如果是一年，则为44×12＝528（小时）。就天数而言，大约是3周［528÷24＝22（天）］，通勤占了很大一部分时间。

☑ 每天的努力将拉开巨大差距

有一条法则称为1.01法则。

1.01的365次方（365天）是37.8，与什么都不做的1相比，相差37.8倍。每天都努力一点比什么都不做，从长远来看，会形成巨大差距。

如果你每年有500个小时的通勤时间，可以在通勤时进行资格证学习。

例如，据称在全日本考试中最困难的司法预备考试需要学习时长6,000小时才能通过，注册会计师证需要3,000

小时的学习时间。据说，社会保险劳务士①需要1,000个小时的学习时间，行政书士需要600个小时的学习时间，住宅用地和建筑交易经理需要400个小时的学习时间。

所需的学习时间跟个人也有关，除非意志非常坚强，否则仅花费通勤时间来学习很难考试合格。

但是，如果你可以有效利用一年500小时的通勤时间，那么你会离考试合格更进一步。

通勤时间还可以用于阅读。

根据日本乐天书城2018年进行的商务人士阅读实况调查，每天阅读时间超过1小时的人占被调查总人数的11.6%。顺便说一下，阅读时间不到15分钟的人占被调查总人数的39.4%。

如果你每天花2小时阅读，则可以算在11.6%里。

毫无疑问，如果你能有效地利用通勤时间努力学习，将会取得巨大的成果。

---

① 社会保险劳务士，作为劳动和社会保险问题的专家，主要工作是根据劳动保险、社会保险等法律，代替雇主向行政机关提交资料；代理进行个人劳资纠纷解决程序（如调停、仲裁等）；并在公司管理中就劳资管理、社会保险、国民养老金和福利年金保险进行咨询指导。——译者注

📎 进公司5年，即使没有成果也没关系

☑ 完成一件事情需要10,000小时

到什么时候也看不到工作成果，觉得自己已经被公司判定失败，有人会像这样感到焦虑吧。

在新员工培训期间，我被问到："新员工从现在到能够顺利工作为止，需要几年时间?"

我回答："尽管存在个体差异，但是正常工作的话大概需要5年。"

接着，我经常得到这样的回复："5年啊，真长!"。

有一个著名的法则称为**一万小时法则**。10,000小时是一个人从不会到可以独立做事为止所需的时间。

实际上，不能一概而论，因为成功取决于努力的程度和事情的难度。

☑ 人的成长不会总是一样的速度

那么，这10,000小时对一般商务人士意味着多长时间？

假设每天的工作时间为8小时，则需要10,000÷8＝1,250（天）。但是，公司职员一年365天并非每天都工作。根据日本厚生劳动省2018年的数据，日本公司职员年平均假期约为114天，因此如果采用此数字，则工作天数将为365−114＝251（天）。10,000小时需要1,250天，则1,250÷251＝4.98（年），即大约工作5年，可以达到10,000小时。

人的成长速度和成长方式各有不同。

有些人会随着时间的推移稳定成长，成正比关系，而另一些人会像指数函数一样，前4年看不到成长，第5年突然急速成长。

不过，呈指数函数式成长的人在初期阶段容易受挫，有些人会选择放弃并退职。这些是我特别希望人才培养人员知道的道理。

劳动力短缺的中小型企业中有一种趋势，不可避免地要在3年内让新员工独立工作，或者最早在1年内让新员工独立工作，如果不这样的话企业也难运转。

如果员工3年内没有成长，公司则会给员工贴上不合格的标签。

在教育心理学中，有一种效应叫作皮格马利翁效应。这种效应暗示老师某位学生是成绩将会提高的学生，然后让老师对其进行施教，结果此学生的成绩真的提高了。

相反的现象称为**魔像效应**，这是一种没有他人的期望则人们的成绩会下降的现象。

虽然这种效应会被批评"这不就是老师的特殊关照吗"或"不就是有成长型学生作为前提，老师积极对待了吗"，但是这种效应是有用的。

☑ 小期望可以鼓励人

一旦一个员工被认为没有能力，那么他将不会被分配到可以让他成长的工作中；那些被认为有能力的员工，则会被提供大量让他们成长的工作。上述结果将是，虽然二者的职业生涯都达40年之久，彼此却有很大差距。

这样真的太浪费了。即使3年内没有成长的人，10年后也可能成为支撑公司的王牌员工。

人力资源开发被称为"挑雪塞井"①。挑雪塞井意为，把雪放入井中，即使填满也会马上融化的现象，表示无论做任何事情都需要有耐心并重复进行。

公司需要制定方针使员工在10,000小时之内不断成长，同时需要改变上司的意识，让他们以更长远的眼光持续培养新人。

---

① 比喻劳而无功。出自顾况（唐）的《行路难》。——译者注

📎 记住日本每50个人中就有1个人是社长，就能发现高端品市场

☑ 日本社长人数众多

在日本，如果你是商务人士，应该经常会遇到中小型企业的社长和董事。

那么日本有多少社长呢？

根据日本税务厅2017年对日本各公司的抽样调查，日本有公司2,706,627家。

由于日本的总人口数约为1.2亿人，所以120,000,000÷2,700,000≈44.44（个），可以说大约每50个人中就有1个人是社长。

据日本总务省公布的2017年数据，日本工作人数为6,720万人，因此67,200,000÷2,700,000≈24.88（个），约25个人，这意味大约每25个人中就有1个人是社长。

这样一来，奢侈品和高级公寓这类商品的市场如此活

跃也就不奇怪了。

☑ 社长的年收入是多少

那么，社长的实际年收入是多少？

根据日本劳动行政研究所2019年的一项调查，社长的平均年收入在4,000万日元左右。

受调查的公司共计3,717家，分别是全国证券市场已经上市的3,467家公司（包括新兴市场中的上市公司）和与上市公司实力相当的70家非上市公司（资本在5亿日元以上，并且员工人数在500人以上。其中还包括一部分资本金在5亿日元以上，或者员工人数在500人以上的公司）。所以，这份调查结果不适用于中小企业。

现在，让我介绍一些日本中小企业社长年收入的参考数字。

根据日本实业出版社2010年5月公布的问卷调查数据，社长的平均年薪为2,020万日元。

但是，在该调查中，最常见的收入范围是1,200万日元以上且少于1,800万日元。该范围的人数约占参与调查的212家公司总人数的40%。换句话说，该范围人群才是其中的一般群体。

顺便说一下，根据日本实业出版社2014年对中小企业的问卷调查，社长的平均月薪为120.4万日元，年度奖金为302.9万日元，年薪约为1,750万日元。有了这样的收入，一些奢侈品也不是那么贵了。

对普通上班族来说，这个年收入很高，但是我定期与经营者联系，在我看来，这似乎不是很高了。

这是因为社长总是首先考虑公司，在某些情况下会以自己个人的名义借款，当公司破产时承担最大的风险。如果社长的年收入为300万日元，则是4~6位普通员工的工资。

有人说，如果成为社长，餐费和人情交往费等都可以请公司报销，但是报销不是免费。

日本有一种风气，如果有人获得高薪，就会遭到其他人排挤或疏远，我希望社会可以给勤勤勉勉的社长合适的报酬。

第4章

你该知道的
商业数字法则

销售额的8成是靠2成的工作换来的

☑ 仅仅20%却会造成巨大差距

对商务人士来说，有一则著名的法则叫作**二八定律**。

它最初由意大利经济学家维弗雷多·帕累托（Vilfredo Pareto）提倡，也被称为**帕累托法则**。他从一个国家总人口的2成拥有8成的财富的角度宣讲财富重新分配的理念。

该法则之所以著名，是因为它具有广泛的应用范围。

例如，8成的销售额来自2成的客户。

在大多数情况下，8成的销售额仅来自2成的忠诚顾客。

再例如，8成的销售额来自2成的商品。

即使有各种各样的产品，销售额也通常由占总产品数

20%的经典产品和人气产品赚取。

不要认为只有经典产品和人气产品才能卖出去，所以应该减少对其他产品投入，而要思考如何在销售另外的8成产品时增加其销售额比重。

还有，<mark>总工作时间的2成产生了8成的工作成果。</mark>

即使花长时间做出的成果，其中被评价为良好的8成工作成果所花费的时间仅占总花费时间的2成。

如果是懂得工作诀窍的人，在8小时工作中用1.6小时全力以赴地工作，就可以获得令人满意的效果。但是，前提是可以随意分配工作和休息的时间。

☑ 工作的基础准则是准备工作占8成，实际执行占2成

在日本歌舞伎圈中有一个名言：准备八分完成两分。这个格言的意思是：一场出色的表演，准备工作占8成，

实际表演占2成。

这个格言在商业中也同样适用。

在报告演示和业务谈判中，有些人认为船到桥头自然直，而不去提前做准备，现实可并不那么轻松。将全部工作的8成用于准备，2成用于实际执行是更合适的。

我也担任培训讲师，当时我的上司曾建议我："对于培训，准备工作占8成，所以请全力投入到准备工作中。"

另一方面，我的上司还说："因为培训是针对人的工作，麻烦是很常见的，所以要一边看大家的表情和小动作，时刻做好抛弃准备的所有东西的打算。"

听了这样的话，有些人可能会认为不准备就直接上场更有效率，但我认为正是因为做好了充分准备，在上场时才能临时发挥。

正是因为有准备，才可以实际应用。这个道理在任何工作中都适用。

组织按照2∶6∶2的比例设定

☑ 不劳动的蚂蚁产生的原因

有一个叫作懒蚂蚁效应。它来自日本北海道大学研究生院长谷川英祐副教授的一项研究，该研究指出，一群蚂蚁中20%的蚂蚁勤奋工作，60%的蚂蚁正常工作，剩下20%的蚂蚁在偷懒。

如果仔细观察蚂蚁群，你会发现工蚁中有20%是偷懒的工蚁。如果从蚁群中拿走不工作的蚂蚁，剩下的蚂蚁中则又会有20%的蚂蚁变成不工作的蚂蚁。相反，如果将不工作的蚂蚁组成一个小组，其中一些蚂蚁便会成为工作的蚂蚁，而剩余20%的蚂蚁依旧不工作。

似乎这里有蚂蚁的生存智慧。

对蚂蚁来说工作有一个反应阈值［激发感觉（反应或兴奋）所需的最小强度、刺激等］。简单来说，反应阈值是指主体对一个事件的行动迅速性。

当有工作要做时，具有低反应阈值的蚂蚁首先工作。当它们累了并且无法工作时，具有高反应阈值且先前并未参与工作的蚂蚁将开始工作。

如果蚁巢中的所有蚂蚁都同时工作，它们将同时筋疲力尽，无法应对危机情况。为此，总有不工作的蚂蚁这样的形式就形成了。

像这样，总是可以保持工作不停滞是懒蚂蚁效应所产生的效果。

☑ 60%的人的行为受到20%的人的影响

根据我的经验，2：6：2形式也适用于人类社会。

在诸如公司之类的组织中，擅长工作的人、普通人和不能工作的人的比例为2：6：2。这称为2：6：2法则。

根据许多公司的人事经理的说法，这个比例似乎是普遍适用的，并且20%的高绩效人才领导中间60%的员工，并且产生问题的一定是底层20%的员工。

但是，对公司而言，重要的是如何提高中间60%和底层20%的员工水平。这可以让整个组织的优势得以发挥。

最底层的20%的人也是维持组织平衡所需的人员。根据懒蚂蚁效应，即使开除了底层20%的人，认真工作的60%的人中也会有一部分变成底层20%的人。

当我对一些公司进行人事制度支援时，会把创建一个每个人都可以发挥积极作用的组织当作重点。为此，我们想为客户公司提出一种使在公司工作的员工以及客户公司的业务合作伙伴感到高兴的系统。

但是，实际上，可以实现创建一个让每个人都开心的系统的案例少之又少。这是因为，在改革时，需要重新判断作为既得权益的各种补助金和待遇等（通常会减少或取消）。

因此，不管提议或改革的内容如何，总是有20%的人反对。

如果在向员工解释了改革目的之后再进行问卷调查，则几乎有20%赞成、20%反对和60%既不赞成也不反对。

如果赞成的20%中有影响力很强的人的话，那么既不赞成也不反对的60%将转向赞成。

因此，我们要致力于获得20%的强烈赞同，这样更有利于引导既不赞成也不反对的60%转向赞成。

在组织改革中，应有效利用该法则的权力平衡。

☑ 2：6：2法则也适用于人际关系

人际关系也是如此。

我在大学时代当补习班老师时，经常有人问我一些问题，例如和朋友相处不好以及没有真正的好朋友怎么办。在这种情况下，我会告诉他们："人际关系符合2：6：2法则。只有20%的人可以互相信任并相处融洽，60%的人可成为普通朋友，剩下的20%的人是永远无法相处的。如果是相处不好的朋友，就当成是那20%无法相处的人，并与他们保持距离。"

职场的人际关系也一样，会有无论如何都合不来的上司和同事。即使你试图改善与该人的关系，也很可能是徒劳的，因此只能与其保持距离，采取让关系不再恶化的相处方式。

培训的效果只有1成，人是在工作现场的学习和建议中成长起来的

☑ 现场的利用是提高技能的关键

将来，你可能会成为领导者，负责人才培养。我告诉你一个有用的法则——70∶20∶10法则。

这是表示影响人才教育养成的数字。

据说，当一个人获得工作技能和知识时，有70%会从工作中学习，20%会从他人的意见和建议中学习，10%会从课堂中学习。

最初，这个数字来自美国领导力发展公司Lominger对成为管理者人员进行的"你是如何学习领导力"的调查。

在人才培养方面，许多公司首先考虑通过课堂讲课等培训进行学习，但实际上效果只有10%。

培训只是一个契机。重要的是在工作现场实践并加深对所学内容的理解。员工接受培训后，重要的是考虑如何将所学知识应用到实际工作中。

☑ 学习的步骤

那么，你如何督促你的下属和员工学习呢？

首先，我们需要了解人才成长的周期。

培养人才的一个重要概念是库伯的学习圈理论。这是一个由**具体经验、反思性观察、抽象化与概念化、实践**4个部分组成的学习圈，代表了一个人从事件中学习的步骤，如图4-1所示。

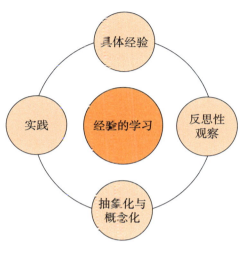

图4-1　学习圈

反思性观察是通过询问有关事件的问题，来回顾做得好的地方和做得不好的地方。

抽象化与概念化是指把反思性观察后的事件进行抽象化，并思考是否有可能将道理应用于其他事物。

例如，当工作中发生失误或事故时，我们要考虑发生原因和如何防止再次发生。

但是，如果仅停留于思考，就算可以处理当时的情况，当发生其他失误或事故时，我们也将无法处理。

把失误和事故抽象化，并应用于其他事物，会发生什么？从这个角度回顾总结很重要（表4-1）。

就算工作成功，也是同理。

我们倾向于将重点更多地放在寻找失败原因而不是成功因素上，但最佳实践（成功案例）也需要认真回顾，让成功不仅停留于一次的幸运，而是将其抽象化并让其可以再次重现。

表4-1　学习圈的内容具体案例

阶段	内容	具体案例
具体经验	展开值得"反思性观察"的经历与体验。进行预期以外的经历与体验。或者，通过反思日常工作来使其成为一种学习体验	由于发货失误导致错误的产品被发货，从而引起了客户的投诉
反思性观察	通过提问和对体验的反思，回顾事件的好坏。一边听取别人的提问或建议，一边执行	口头传达给订购人员这件事做得不好　订单联系的情况应该留下记录

续表

阶段	内容	具体案例
抽象化与概念化	将反思性观察的事件进行抽象化，并考虑是否可以将其转用到其他事件上（已发展为自己的理论）	重要的沟通应该通过记录来进行，例如电子邮件，而不是口头的
实践	根据概念化采取新举措	把学到的东西和周围人分享，进行实践

☑ 将隐藏的经验可视化的技巧

在我解决过的案例中，我运用了一种在公司内部共享最佳实践的机制。

在全体员工聚集的会议或其他场合中，我会请资深员工与年轻员工一起汇报自己成功的事例，以及对工作的思考和改善。

在进行汇报之前，员工有很多负面意见，他们总说"我没有什么下功夫的地方"和"没有这样的成功案例"，但是实际上进行汇报之后，效果出乎意料的好。

报告者本人在准备报告时也在经历学习圈的过程，因此从经验中学习是在人们不知情的情况下完成的。

这种隐性知识，即未用言语表述但在实践中下意识使用的知识，不会写在财务报表中，却是一种非常有价值的"隐性资产"。在公司内分享最佳实践的人越多，组织拥有的"隐性资产"就越多。

而且，如果弄清了隐性知识并在组织内部共享，那么这将是其他公司永远无法模仿的差异点。

由于"最佳实践"着重于本公司内部发生的事情，因此集中了有用的经验技巧，比参加培训或阅读商业书籍更能身临其境。在某种程度上积累了最佳实践后，你可以通过按场景和课题分类进行汇总，来创建自己公司的专用经验手册。

如果你可以根据经验的年份和主题进行总结，对于培训今后加入公司的人才和管理人员将非常有用。

在以酒店行业闻名的丽思卡尔顿酒店致力于为顾客提供优质服务（WOW Story），打造惊喜体验。

丽思卡尔顿酒店还与员工分享世界各地的优质服务来保持员工的积极性。

这里有两则故事，顾客告诉酒店员工要在游泳池旁边求婚，员工除了准备一束鲜花和冰镇香槟，还准备了求婚下跪的地毯。

顾客专门为了看樱花来到日本，但已经错过赏樱时节，酒店员工会为酒店房间添置插着盛开樱花的大花瓶，并赠予顾客美丽的樱花卡。

最佳体验不仅可以用于服务行业，而且可以用于B2B制造业、批发业和贸易公司。

如果你错误地使用了培训，则将无法获得预期的效果。对于人才培训，重要的是在工作中促进反思和抽象化概念。

为了未来下属和员工的培训，请你记住70：20：70法则，并使用你在工作中学到的知识来帮助更多的人学习。

📎 会议时间超过2小时，会降低效率

就我而言，我的大部分工作都是在客户公司开会，经常是关在屋子里从上午9点开到下午6点。但是，对于在公司常规进行的**有效的会议，会议时长保持在2小时之内**很重要。

通常，一个人的注意力集中时间最长为2小时（实际似乎更短）。因此，会议时间最多为2小时，在某些情况下大约为1小时30分钟，并且中间稍事休息会更有效率。

召开有效会议有3个要点。

1. 设定议程

会议议程是指描述了会议的目标、应讨论的内容和所需的时间的资料。

例如，如果会议的目的是给公司内部引入一个新系统，则议程将会记载下述内容。

① 列出将系统导入公司时的阻碍（反对意见和障碍）。

② 探讨如何处理这些阻碍。

如果召开会议而没有设定议程，则参会人员不知道如何进行讨论，只会浪费时间。

2. 确定会议参与者的角色

会议参与者的角色有两种：主导人和图形制作者。

主导人在会议中起着重要作用，就像使会议进行的主持人一样。他负责从参与者那里征求意见并总结意见，以便在有限时间内达到会议目的。

图形制作者负责以一种易于理解的方式在会议室的白板上写出意见。如果发言不做记录的话，就容易忘记。如果在白板上记录会议，所有参与者都可以回顾会议的内容并进行讨论。

主导人兼任图形制作者的情况也可能出现，但是如果这两个角色由两个人分别担任，任务将变得更加清晰，会议将顺利进行。

3. 准备会议设备

会议所需的只是一块白板，以及每个人可以轻松入座的空间。平常不怎么开会的公司可能没有白板，但是如果开会，请确定有一块白板和一支墨水充足的白板笔。

而且，根据经验，为了让每个人都轻松入座，最基本的做法是180厘米长的桌子安排坐两个人。如果坐三个人的话，可能电脑不方便打开或者资料不好铺开。

会议的成本非常高。例如，对于一个月收入为30万日元的人，2小时会议的人工成本为3,750日元［假设每月工作160小时，则每小时工资换算为30万÷160＝1,875（日元），1,875×2＝3,750（日元）］。假设有5位月收入为30万日元的参会者，则2小时会议的人工成本为18,750日元［3,750×5＝18,750（日元）］。按月计算的话，会议成本非常高。

而且，如果无法获得与成本相匹配的结果，那么开会将毫无意义。

在我帮助的公司中，为禁止使用公司内部会议室超过1小时，一些公司规定超过1小时的会议必须使用外部租赁会议室。

因为使用租赁会议室需要花钱，人们的成本意识被唤醒。因此，员工参加会议的效率提高了。

按照25分钟+5分钟的节奏来工作

2小时规则不仅限于会议，也有利于我们安排自己的时间表。

如果你将最长工作时间设置为2小时，并且同一内容的工作时间不超过2小时，则可以提高工作效率。

保持专注还有一个方法，叫作**番茄工作法**。

将一份作业的最长工作时间设置为25分钟，25分钟之后休息5分钟，然后再工作25分钟。在执行了4组25分钟+5分钟之后，再进行20～30分钟的长时间休息。

番茄工作法是由意大利企业家弗朗西斯科·西里洛于20世纪80年代后期发明的，由于该方法可以提高专注力和生产率而广为人知。

在尝试这个方法之前，我认为25分钟太短了，但是实际实施时，我做到了100%专注于自己的工作。

即使我情绪低落不想工作，想想只有25分钟，也会想先工作试试看。

我现在也在使用苹果手表（Apple Watch）上名为专注计时器（Focus Timer）的应用程序实行番茄工作法。

你还可以通过对工作的思考来提高日常工作的效率。让我们按思维和技巧分别来介绍。

首先，思维方面，要做到**逆向思维**和**期望值**。

逆向思维是设定工作目标和对实现目标所需的过程的思考。如果你在没有设定目标的情况下工作，那么会做无用功和走弯路。

接下来，怀着对工作的期望来行动。期望值是工作委托人要求的质量。例如，在快餐店中，顾客不仅需要美味的食物，而且还需要快餐店迅速提供食物。高档餐厅的顾客则需要美味的食物和安静的空间。

如你所见，每个工作都有一个期望值。向上司或业务合作伙伴报告时，需要考虑对方是希望口头汇报，还是电子邮件汇报，抑或是书面汇报。口头汇报也可以的时候，就不要书面汇报了，否则将浪费大量时间。

作为一项技能，能够快逗准确地打字非常重要。

以日本语教育能力检定试验考试来说，参加考试者至少要达到2级标准。速度标准是500个字/分钟。

使用快捷键在微软办公软件Excel和Word上执行常用任务也是很重要的。

例如：

Ctrl+C：复制文字。

Ctrl+V：将复制的文字粘贴。

Alt+Tab：切换窗口。

如果你可以掌握基本的快捷键使用方法，工作将可以更快地进行。

通过在日常工作中积累小技巧，保持专注，你可以逐步提高工作效率。

产生好创意需要15%的规则

☑ 自由的时间让公司得以发展

开发新产品和创建新业务是公司的主要课题。

缺乏进展的主要原因之一是缺乏在新产品开发和新业务上投入的时间。

有些公司空出时间让员工自由思考，从而促进了新产品和服务的开发。

在以文具闻名的美国3M公司，有一条不成文的规定，员工可以将工作时间的15%用于自己喜欢的研究。如今大家司空见惯的便利贴的发明便是得益于15%创新时间。

例如，谷歌要求员工必须将工作时间的20%花费在其他项目上，希望其员工运用20%的时间来创造核心业务以外的东西。

此外，丸红、雅虎和惠普等主要的综合贸易公司都采用了同样的制度。

☑ 创意源于空闲时间

15%和20%之间存在细微差别，但是如果是工作8个小时，15%是1.2个小时，20%是1.6个小时，对于总结或查找创意，这两者似乎都是合理的时间。

应用之前的2∶8法则，则可以解释为80%的新业务是用20%的时间产生的。

因为不知道会不会有结果，所以一些经营者可能不愿意让员工自由使用工作时间的15%～20%。

但是，我们不知道当前的产品可以继续销售多长时间，所以提出新产品开发的创意，是让公司继续前进的极其重要的工作。

从远古时代开始，出现创意较多的地方有"三上"，即马上、枕上和厕上。这些看似在发呆的闲暇时间，实际上是大脑整理信息的重要时间，这时大脑才会想出好创意。

奖励有时会降低生产效率

☑ 在创造性工作中不应该做的事情

为获得奖励而努力工作是人的天性，但是在创造性工作中，奖励有可能会降低生产效率。1945年，德国心理学家卡尔·邓克尔（Karl Duncker）设计了一个实验。他将被叫到实验室的人员分成两组，布置同样的任务：有一根火柴和一个装满图钉的盒子。请把桌上的蜡烛装在墙上，蜡不能滴落在桌子上，如图4-2所示。

在布置上述问题后，分别给两组布置了不同的任务。

第1组："我想知道平均需要多长时间才能解决此问题。"

第2组："我会支付5美元给能够迅速解决此问题的人。其中最快的人得到20美元。"

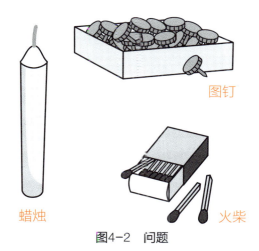

图4-2　问题

如果按照通常考虑，有奖励的第2组应该可以更快地解决问题（图4-3）。但是，实际上的结果是，第1组平均需要7分钟，而第2组平均需要10.5分钟，有奖励的小组慢了3.5分钟。

图4-3　答案

对于这些创造性任务，奖励措施可能会产生负面影响。相反，据说，在诸如解答谜题之类的简单任务的情况下，奖励会起作用。

即使苦苦思索是否有什么好主意，也很难有灵感。如果努力的话，我们可以在有限的时间内想出很多主意，但是真正好的主意通常是在工作时间以外突然想到的。

努力不是浪费，但是这并不意味着付出大量的努力就有很多产出，也不意味着通过奖励来刺激就会得到高效率。

☑ 金钱无法激发动力

此外，在开拓新领域时，金钱刺激可能适得其反。

一些公司通过诸如"改进提案制度"和"质量控制"之类的倡议，给出每个提案500日元或1,000日元的报酬，但实际上，在某些情况下效果会适得其反。

公司给予报酬刺激员工产生动力，但动力反而下降的现象被称为削弱效应。

外在动机是指诸如"因为有人吩咐所以做"或"因为不这样做会有人生气"之类的动机。

例如，如果你向参加志愿者活动的人支付每小时1,000日元的工资，反而大家都不会工作了。如果对使命感驱动的工作给予奖励，那么没有奖励时人们将不会去做这个工作。

相反，内在动机是指人们发自内心想要做某些事情的动机。例如"因为有大家信任所以想做"或"因为受到尊重所以愿意去做"。

员工能随心所欲地自由活动可以提高生产力，也更有可能创造新事物，这是激励机制的既定理论。

📎 记忆在1小时内就会减半，一天之后只剩下2成

☑️ 不依赖记忆能防止失误

人类是容易遗忘的动物，记忆力很弱。忘记悲伤和痛苦固然是好的，但是有时候必须记住的东西也会遗忘，这

就很让人苦恼了。

与人沟通时考虑这一点，是预防沟通问题的好方法。

心理学家赫尔曼·艾宾浩斯（Hermann Ebbinghaus）描绘了一个关于人类记忆的图表，称为**艾宾浩斯遗忘曲线**。

艾宾浩斯的遗忘曲线显示，人们在20分钟后会忘记他们学到东西的42%，在1小时后会忘记56%，在一天后会忘记74%。

换句话说，一个人的记忆力在1小时内减半，在一天后只剩下约20%的记忆（顺便说一下，该记忆实验中要记住的内容是一些毫无意义的单词，如果是学术类的有体系的内容据说更难忘记）。

在任何情况下，如果你牢记人们是健忘的，你就可以根据这一点采取措施。

例如，如果你负责的客户属于即使发送电子邮件也不看的类型，则可以在发送电子邮件后通过电话进行确认，或者通过聊天工具来提醒对方不要漏看。

☑ 将手账①和笔记本合二为一

有人说："我经常因为忘记要做的事情而被老板训斥。"我建议此类人学会汇集信息。只在一个东西上面记录信息，无论它是备忘录、手账、笔记本，还是其他任何东西。

如果在手账或者便利贴上到处做记录，你会分不清在哪里写了什么。结果就是，你不知道要在哪里寻找什么内容，重要信息就这样被掩埋了。

就我个人而言，我使用Google Keep应用程序记录待办事项、演讲内容、稍后进行详细搜索的关键字等。我曾使用过各种各样的手账和备忘录应用程序，但最终选择了Google Keep。

---

① "手账"二字源于日本，意思是指用于记事的本子，手账可以用于记录日程安排、生活感悟、读书心得、消费收支等。——译者注

☑ 一个人最多可以记住7个数字

在记忆方面，一个人最多一次可以记住的数字约为7个。

这个结论来自美国心理学家乔治·米勒（George Miller）进行的一项实验，它也被称为**米勒法则**。

该法则意味着人脑能同时处理的信息团（有意义的信息团）数量为7，但实际上由于个体差异，它的数量在5到9之间浮动。

例如，电话号码也用连字符分隔为3～4个信息团，其目的是通过将信息团分成多个部分使其更容易被记住。

如果知道一个人最多只能记住7个数字，则我们向他人传达信息的方式和记录笔记的方式也会有变化。

📎 不设立截止日期，人们会一直花时间在某件事情上

☑ 时间有限的情况下人们会更专注

明明在截止日期之前有一些时间，却没能按照预期完成某件事——每个人都有这样的经历吧。

英国政治家、历史学家西里尔·诺斯古德·帕金森（Cyril Northcote Parkinson）在他的著作《帕金森定律》（*Pakinson's Law*）中写到一条法则："**人拥有的时间越多，人们在一件工作上花费的时间就越多**。"

"无论工作量多少，官员人数都在持续增加。"随着英国海军部队的缩小，海军官员人数却在增加，这个现象极具讽刺意味。

从另一个角度来看，该法则意味着"工作量会不断增加，直到填满工作时间"。

即使这项工作通常很快就会完成，但是觉得时间充

裕，所以会拖到最后一刻才完成，即使这实际上是一个简单的项目，过多的考虑也会使其变复杂。结果就是成果很少，但时间却一直不够用。

为了防止这种情况发生，先安排玩耍和休息的日程，然后设置截止日期。这样一来，你会对工作进行思考，并且快速完成工作。

举个例子，即使你通常加班1小时才能完成工作，如果预约了下班后去医院，你也能尽力在正常工作时间内完成工作。

有句话说得好："向忙碌的人委托工作。"

有能力的人会到处收到工作委托，所以他们总是很忙。他们总是在追赶截止日期，所以能用到一件工作上的时间是有限的。因此，向忙碌的人委托工作，他会迅速集中精神把这个工作做好。

这样的人比别人做更多的工作，拥有更多的经验。结果就是他们能够在短时间内高质量地完成工作。

☑ 成为少数就能成为精英

一家大公司要精简管理层时，间接部门[1]中的大多数人员都被分派给了销售部门和需现场工作部门。

起初，我很担心工作是否能顺利运转，但是在尝试此方法后，我发现间接部门设法完成了工作，销售部门和需要现场工作的部门由于人员的增加，业绩也因此得到恢复。

正如我们所说的少数精英一样，人数越少，在有限的时间内必须完成的工作就越多，于是人变成了精英。

再打个比方，在2019年，我的公司必须休5天带薪假，如果不休假，将受到惩罚。但由于劳动力短缺，无法连续运行5天对许多公司来说是一个头疼的问题。但是，如果这种带薪休假的义务可以让大家在给定时期内完成工作，那将会非常受欢迎。

---

[1] 间接部门也称事务部门，包括总务、行政、安全、财务、人事、生产管理等。
——译者注

☝ 对数字的理解切忌囫囵吞枣

☑ 识别数字的关键是"怀疑"

到目前为止，我们已经讨论了掌握事物时的数字思考方法，以及如何利用数字进行工作，但是重要的是如何理解各种数字。

数字是明确而清晰的信息，具有良好信息意识的人不会把信息囫囵吞枣而不加理解。

真正在使用数字上厉害的人，是那些怀疑数字的人。

这样说可能会产生误导，但数字有时会欺骗人们。

例如，当给100个人做测试时，即使平均分数是50分，也并不意味着得50分的人最多。也有100分和0分各50人的情况。在这种情况下，平均分数是50分，但是没有一个人得50分。

在2019年，日本厚生劳动省的"每月劳动统计"等政府统计中的欺诈问题引起了关注。数字统计很复杂，对外行来说很难理解，这使得数字很容易被操纵。

☑ 眼见为实才能理解

下面要讲一个不同的故事，我们认为来自权威媒体的新闻是高度可靠和有说服力的。但是如果你对新闻内容囫囵吞枣，则可能会惨败。

伊藤忠商事株式会社前会长丹羽宇一郎先生在他的著作《工作与心态》中写到，丹羽先生在纽约工作时，《纽约时报》刊登了一篇有关天气预报的文章，称"今年将会久旱"。负责谷物贸易的丹羽先生想在收成不好导致谷物价格飙升之前买入，于是提前购买了大量期货。

然而，那年谷物丰收，高价购买谷物的损失等于该公司一年的利润。

几年后，报纸再次发表了一篇预测文章，说"今年的干旱会造成歉收"。

这一次，丹羽先生租了一辆车，花了几天时间去现场并与当地人交谈，结果都与所有报纸预测的不同，庄稼长势良好。当询问当地农民时，大家也说没有恶劣天气的影响。

因此，与报纸上的预测文章相反，丹羽先生预测市场价格会下跌，不仅出色地弥补了先前的损失，而且还为公司带来了巨大的利润。

丹羽先生在纽约获得经验后，彻底践行了"考察现场并做出决定"的理念。

我因为工作关系也与各种各样与经营有关的数字打交道，也提醒自己不要对这些数字囫囵吞枣。即使对方打算诚实地提供数字，这些数字也可能不正确。

因此，首先要进行怀疑，要根据到目前为止学到的所有知识和经验找到可疑的部分，然后进行重新检查。这是识别数字准确性的关键。

☑ 直觉和数字是互补关系

忽略数字将无法做出正确决定，但是可以阻止数字危机的是"正确的直觉"。直觉和数字并不存在对立关系，它们是相互兼容和互补的关系。

一家大型食品公司新任社长A先生取得的业绩主要来自海外，所以对日本国内市场不太了解。

在计划下一期的销售策略时，A先生想知道为什么自己的产品仅适用于GMS（大型超市及批发商店）。

负责人和主管人员认为，其产品购买群体是家庭，这与GMS的主要用户一致。所以广告要面向这一类客户宣传并吸引客户。他们也根据数字解释了市场调查结果。

从数字角度看，负责人所说的没有问题。

但是，疑问没有得到解决的A先生去了GMS以及该地区的中小型超市的店面。

结果，如调查结果所示，公司的产品在GMS销售得很好，而中小型超市则销售着其他公司的产品。他认为，这仅仅是因为公司的产品没有出现在中小型超市。

在这个例子中，A先生凭借自己的工作现场直觉，察觉到了市场调查中数字的违和感。

这是"正确的直觉"。它与所谓的乱猜不同，这是以知识和经验为后盾的直觉发挥了作用。

像上一节中的丹羽先生一样，要拥有自己的判断依据并不容易，为了提高自己的数字感，应该将任何数字都与自己的基准进行比较，去怀疑它是否令人信服，并进行确认。

☑ 不要凭愿望和主观臆断看待数字

我们在查看数字时，还有一件要注意的事。那就是，**不以愿望和主观臆断来选择数字**。

当我进行投资时，我只希望看到好的信息。反之，当我要放弃并打算寻找卖出的合适时间时，总是对不好的信息很敏感。

人们只会看到他们想要看到的数字。对于想看的数字，即使需要查找，也会自发地去看。因此，即使是顺自己心意的数字，也要判断它是否真的有意义，放下自己的利益和愿望做判断，这一点很重要。

这样的态度以及广泛的知识和经验，是成为一个可以在工作中充分利用数字并可以区分数字准确性的人的基本条件。

无论如何，要善于用数字，成为让一个老板、同事和业务伙伴刮目相看的人。

后记

感谢你阅读到最后。

本书介绍了许多在日常业务中有用的典型数字的使用方法和规则，你觉得怎么样呢？

正如我在第4章结尾提到的那样，我认为过分依赖数字实际上是危险的。毕竟，在商业中，三现（现场、现物、现实）原则是最重要的。在只看数字做决定之前，至少要去实地考察一下。

你可能会在本书中发现一些意想不到的事实。

但是，事实是没有数字也无法判断好坏。

在有效利用本书中介绍的数字和业务规则的同时，如果你可以做到从明天起尽可能多地使用数字进行对话，轻松地说出商务法则，并根据数字做出决策，对我来说没有比这更高兴的事情了。

最后，从本书的策划阶段起雅飒出版社的佐藤和夫社长就给予我很多帮助，最重要的是，我真的感谢自己还很年轻就能得到出版批准。另外，负责编辑的中川先生给了我一些写作建议，我真的很感谢你。

借此机会深表感谢。